Was denkt mein Hund?

Was denkt mein Hund?

GWEN BAILEY

KOSMOS

Impressum

Aus dem Englischen übersetzt von Dr. Elke Narath, Gabersdorf, Österreich.

Titel der Originalausgabe: "What's my dog thinking?", erschienen bei Hamlyn Octopus, an imprint of Octopus Publishing Group Ltd 2–4 Heron Quays, Docklands, London E14 4JP
ISBN 0-600-60423-3

Umschlag von eStudio Calamar unter Verwendung eines Farbfotos von Juniors Bildarchiv und Christof Salata (hinten).

Mit 165 Farbfotos
Bildnachweis S. 96

Bibliografische Information Der Deutschen Bibliothek
Die Deutsche Bibliothek verzeichnet diese Publikation in der Deutschen Nationalbibliografie; detaillierte bibliografische Daten sind im Internet über http://dnb.ddb.de abrufbar.

Gedruckt auf chlorfrei gebleichtem Papier

Für die deutsche Ausgabe:

ISBN 3-440-10134-7
Redaktion: Alice Rieger
Produktion: Kirsten Raue/
Markus Schärtlein
Printed in China/
Imprimé en Chine

KOSMOS Postfach 106011
D-70049 Stuttgart
TELEFON +49 (0)711-2191-0
FAX +49 (0)711-2191-422
WEB www.kosmos.de
E-MAIL info@kosmos.de

Inhalt

Zu diesem Buch

Wir wären alle gern in der Lage, mit unseren Tieren zu sprechen und herauszufinden, was sie denken oder sie zu fragen, warum sie tun was sie tun. Leider ist das nicht möglich. Wie können wir dennoch herausfinden, was unsere Hunde wirklich denken? Dieses Buch hilft Ihnen, Hundeverhalten richtig zu interpretieren, indem viele typische Verhaltensweisen abgebildet und mit einem erklärenden Text versehen sind.

Wenn wir unsere Hunde intensiv studieren und sie in verschiedensten Situationen beobachten, können wir ein detailliertes Bild von ihrer Körpersprache, den Ausdrücken und den Handlungen erhalten, und so vermuten, wie sie sich fühlen. Durch meine Arbeit als Verhaltensforscherin und durch mein Zusammenleben mit Hunden, konnte ich sehr viele Hunde, deren Herkunft und Charakter ich kannte, in unterschiedlichen Situationen beobachten. Ich habe gesehen, dass sie scheinbar ähnliche Gefühle haben wie wir und auf ähnliche Weise reagieren. Beispielsweise wirken sie niedergeschlagen, wenn sie meinen, dass sie nicht geliebt werden, sie scheinen glücklich zu sein, wenn ein Familienmitglied nach Hause kommt, bekommen Angst, wenn sie bedroht werden, und lieben es, zu spielen und herumzualbern. Ergänzt man dieses Wissen

noch mit der Kenntnis der Rasseunterschiede sowie mit genauen Beobachtungen ihres Verhaltens, fällt es uns mit der Zeit leichter zu erahnen, was sie gerade denken. Genügend Wissen zu sammeln, benötigt viel Zeit und ist nicht einfach, vor allem wenn man neu in der Hundewelt ist oder nicht genügend Zeit hat. Dieses Buch soll Ihnen helfen zu erkennen, wie Hunde sich ausdrücken.

Einst meinten Wissenschaftler, Hunde seien dumme Tiere, und nicht in der Lage zu denken. Zum Glück ändert sich diese Einstellung langsam. Es existieren aber noch keine wissenschaftlichen Studien, die das auf Erfahrung basierende Wissen belegen. Vielleicht gibt es sie irgendwann, derzeit haben wir nur unsere Beobachtungen und Erfahrungen, aus denen wir Rückschlüsse ziehen – richtige oder falsche.
Ich habe versucht, nicht zu vermenschlichen und die Kommentare darauf basieren zu lassen, was ein Mensch in dieser Situation denken würde. Aber da ich ein Mensch bin, hat mein Denken unweigerlich Einfluss auf das, was ich über eine andere Tierart vermute. Ich habe nicht versucht, zu schreiben, was Menschen hören wollen oder niedlich fänden, vielmehr habe ich niedergeschrieben, was ich wirklich glaube, was Hunde sagen würden, wenn sie reden könnten.

Ich hoffe, das Buch hilft Ihnen dabei, herauszufinden, was Ihr Hund oder andere Hunde, auf die Sie stoßen, denken könnten. So werden Sie Ihren Hund besser verstehen und ihm ein besseres Leben ermöglichen können.

Ich sehe so oft das Ergebnis von Missverständnissen zwischen Hunden und Menschen. Hunde werden häufig zu unrecht bestraft, weil ihre Besitzer die Körpersprache und Handlungen der Hunde falsch verstanden haben. Als intelligente Wesen liegt die Verantwortung bei uns, die Sprache unserer Haustiere zu erlernen. Ich hoffe, dieses Buch hilft Ihnen, Ihren Hund noch besser zu verstehen.

Hunde sind Rudeltiere

Die Vorfahren unserer Hunde, die Wölfe, sind sehr soziale Tiere. Menschen haben diesen Wesenszug selektiv weitergezüchtet, so dass wir heute äußerst soziale und treue Hunde haben. Das Bedürfnis nach menschlicher Nähe ist bei den verschiedenen Rassen unterschiedlich stark ausgeprägt, allen gemeinsam ist jedoch, dass sie in einem menschlichen oder hündischen Rudel leben möchten. Das Zusammensein mit den anderen Rudelmitgliedern ist wichtig für sie. Wird ihnen der soziale Kontakt verwehrt, können sie depressiv werden oder Verhaltensstörungen entwickeln.

Erfolgreich im Rudel

Wölfe, die im Rudel leben, sind erfolgreicher als Einzelgänger. Sie leben sicherer, da sie sich besser verteidigen können, und haben bessere Chancen, größere Beute zu reißen, weil sie bei der Jagd strategisch vorgehen können. Damit ist eine bessere Versorgung des Rudels und der Wolfswelpen gewährleistet und sie können sich erfolgreicher fortpflanzen. Das Rudelleben erhöht ihre Überlebenschancen und die der nächsten Generation. Daher ist das Leben im Rudel die bessere Alternative.

Ihr seid meine Familie

Die sensible Phase zwischen der dritten und zwölften Lebenswoche wird als Sozialisierungsphase bezeichnet. Verbringen Welpen diese Zeit mit Menschen, akzeptieren sie sie bereitwillig als ihr Ersatzrudel. Ähnlich akzeptieren Kinder Hunde gern in ihrem sozialen Gefüge und beide profitieren voneinander.
Nun haben zwar Menschen und Hunde ein ähnliches Bedürfnis nach Gesellschaft, sprechen aber nicht dieselbe Sprache und somit ist die Kommunikation nicht immer leicht. Den eigenen Hund zu knuddeln ist typisch menschlich, aber nichts was Hunde untereinander tun würden, außer wenn sie miteinander kämpfen oder sich paaren.

WUSSTEN SIE?

- Hunde haben ähnliche soziale Strukturen wie Menschen. Dies ist von Vorteil, wenn man ihr Verhalten besser verstehen will.
- Manche Menschen behandeln ihre Hunde wie Kinder, obwohl es sich natürlich um eine ganz andere Spezies handelt.

Wir sind ein Rudel

Hunde akzeptieren andere Hunde gern im Rudel, wenn diese vorsichtig in das Rudel eingeführt werden und keine Konkurrenzsituation besteht. Ein Rudel bietet Sicherheit und Gesellschaft. Letzteres ist dann gut, wenn der Besitzer einmal weniger Zeit hat. Wie gut ein Hund mit anderen zurechtkommt, hängt davon ab, wie viel Zeit er als Welpe mit anderen Hunden verbracht hat. Die beiden West Highland Terrier sind mit anderen Hunden aufgewachsen und fühlen sich im Rudel wohl. Im Gegensatz zum Collie, der alleine aufwuchs und etwas gestresst aussieht.

Allein bleiben

Hunde haben ein großes Bedürfnis nach sozialem Kontakt und möchten so viel wie möglich bei ihrem Rudel sein. Manche Hunde können mit Isolation nicht umgehen und werden panisch, wenn ihr Besitzer das Haus verlässt. Das daraus resultierende Gebell, die Unordnung und Zerstörungen im Haus können den heimkehrenden Hundehalter zur Verzweiflung bringen. Hunde müssen das Alleinbleiben früh lernen, um gut damit umgehen zu können. Unglücklicherweise verstehen Züchter und Besitzer dies oft nicht, und tun alles, damit der Hund immer Gesellschaft hat – entweder von Wurfgeschwistern oder von Menschen. Jeden Tag ein paar kurze Abwesenheitsphasen, die, wenn der Welpe gut damit klarkommt, im Laufe der Zeit ausgedehnt werden, stellen sicher, dass der Hund später ohne Probleme alleine gelassen werden kann.

Ich möchte bei dir sein

Dieser Hund ist es gewohnt, von seiner Besitzerin gehätschelt und umarmt zu werden, und genießt es, bei ihr zu sein. Er vertraut ihr und ist völlig entspannt, obwohl er eine verletzliche Körperhaltung eingenommen hat. Sie ist als Rudelführerin für seine Sicherheit verantwortlich. Bei ihr zu sein bedeutet für ihn ein stressfreies, sicheres Leben, in dem all seinen Bedürfnissen nachgekommen wird.

WUSSTEN SIE?

- Hunde haben ein starkes Bedürfnis mit anderen zusammen zu sein. Werden sie sozial isoliert, können sie versuchen wegzulaufen oder mit auffälligem Verhalten um Aufmerksamkeit betteln.

Bitte komm zurück

Dieser Hund möchte mitgehen und nicht allein zu Hause bleiben. Er kann nicht wissen, dass die Tür verschlossen ist und wahrscheinlich kein Eindringling kommen wird. Allein ist er verwundbar, er könnte von allem Möglichen angegriffen werden. Mit dieser Angst konfrontiert, versuchen viele Hunde wie von Sinnen zu ihrem Besitzer zu gelangen, indem sie den Türrahmen zerkauen oder versuchen, sich unter der Tür durchzugraben. Häufig bellen oder heulen sie und einige von ihnen werden panisch, was sich oft auf die Verdauung oder auf die Blase auswirkt – das Ergebnis findet sich dann auf dem Fußboden wieder. Viele Hunde sehen die Welt als sicheren Platz, aber für manche lauert draußen nur Böses, das unbedingt hinein möchte.

Ich verteil das nur ein bisschen

Unsichere Hunde sammeln, wenn sie allein gelassen werden, gerne Gegenstände, die der Besitzer häufig berührt oder getragen hat. Eine Barriere aus Dingen, die dem Besitzer gehören, soll allen zeigen, dass es besser ist, sich fernzuhalten. Ein Taschentuch nimmt den Geruch ebenso auf wie eine Fernbedienung in deren Vertiefungen sich Hautschüppchen sammeln. Wenn diese Gegenstände zu klein für eine richtige Barriere erscheinen, werden sie oft in kleine Stücke zerbissen, um besser verteilt werden zu können.

Begrüßung

Von den meisten Menschen werden Signale, wie das „lächelnde Gesicht“ mit geöffneter Schnauze und wedelndem Schwanz, als freundliche Begrüßung und Einladung näher zu kommen, erkannt. Hunde grüßen Menschen auf unterschiedliche Weise, abhängig davon, welche Erfahrungen sie als Welpen gemacht haben. Manche springen hoch, um unser Gesicht zu erreichen, manche genießen es, umarmt, gedrückt oder gestreichelt zu werden und andere möchten gleich mit einem lustigen Spiel beginnen. Kleine Hunde wollen oft hochgehoben werden und laufen unter Gebell um unsere Beine herum, bis sie auf den Arm genommen und geknuddelt werden. Auf all diese Arten zeigen Hunde, was sie wollen: unsere Aufmerksamkeit.

Du bist mein Freund

Die Hündin kennt diese Frau gut und liebt es, bei ihr zu sein. Sie wurde als Welpe viel geknuddelt und erwartet nun, von Menschen auf diese Weise begrüßt zu werden. Ihr „lächelndes Gesicht“, die entspannten Augen und die zurückgelegten Ohren zeigen Wohlbefinden. Die ausgestreckte Zunge drückt Aufregung und der wedelnde Schwanz Freude aus. Allerdings ist er leicht eingezogen, sie scheint sich ihrer Sache doch nicht ganz sicher zu sein.

Das ist zu aufregend

Nach der ersten Begrüßung steht die Hündin auf und lehnt den Rücken an die Frau. Hunde tun dies oft, wenn ihnen die Situation zu eng wird. Sie schaffen so etwas Distanz zwischen sich und dem Gesicht des Menschen. In dieser Position kann ihr Rücken gestreichelt werden, wodurch sie sich geborgen fühlen. Der um den Arm gewickelte Schwanz zeigt, wie schwer es ist, mit der Aufregung klarzukommen.

Da bist du ja!

Dieser Greyhound hat jemanden entdeckt, den er kennt und freut sich. Sein Gesicht ist entspannt mit freundlichen Augen, zurückgezogenen Mundwinkeln und Ohren. Der Schwanz wedelt heftig. Hunde, die Menschen begrüßen, schwingen ihren Schwanz in weitem Bogen hin und her. Der Hund ist an der Leine und kann sich nicht vorwärtsbewegen. Stattdessen beugt er sich vorn leicht herunter, um zum Näherkommen aufzufordern. Die meisten Menschen erkennen das Grüßen, obwohl durch die geöffnete Schnauze die Zähne des Unterkiefers entblößt werden, was als Aggression fehlinterpretiert werden könnte.

Komm näher!

Als die Person sich nähert, hebt der Greyhound erwartungsvoll die Pfote. Er weiß, dass er wegen der Leine nicht näher herankommen kann. Er verlagert sein Gewicht auf die Hinterbeine und bereitet sich auf einen Sprung nach vorne vor, wenn die Person nah genug ist. Er hat das „lächelnde Gesicht" mit den freundlichen Augen, das manchmal falsch verstanden wird – manche deuten es als Zähne fletschen. Als aktiver Hund möchte er nicht geknuddelt werden, sondern lieber um den Besucher herumtoben und sich dabei ab und zu den Rücken streicheln lassen, bis Aufregung und Energie nachgelassen haben.

Die Bedeutung des Geruchs

Das wichtigste Sinnesorgan des Hundes ist die Nase. Hunde haben einen unglaublich feinen Geruchssinn, mit dem sie alles Mögliche über Personen und Orte herausfinden können, die wir mit unserer Nase nicht einmal erahnen. Gerüche bleiben eine Weile bestehen und so ist das Schnüffeln für den Hund wie das Ansehen eines Videos. Er weiß, was an diesem Ort in der letzten Zeit alles geschehen ist. Manche Hundebesitzer reagieren verärgert, wenn ihr Hund intensiver herumschnüffelt. Es ist jedoch ihre Art, etwas über die Welt zu erfahren. So wie wir unsere Augen nutzen, um uns zu informieren, was in der Umgebung passiert, benutzen sie ihre Nase.

Wer ist hier gewesen?

Ihr Hund sammelt durch das Beschnüffeln von Kot und Urin anderer Hunde eine Menge Informationen. Obwohl dieses Verhalten auf uns vielleicht abstoßend wirkt, kann Ihr Hund so erfahren, wer sich unlängst in diesem Gebiet aufgehalten hat, wie lange das her ist und ob es ein Rüde oder eine Hündin war. Er kann zudem das Alter und den hormonellen Status erschnüffeln. Das Sammeln solcher Informationen ist sehr wichtig für sie, ähnlich wie das Zeitung lesen für Menschen.

Dort warst du also!

Dieser Hund ist damit beschäftigt, Gerüche, die fremde Hunde beim Vorbeigehen auf der Hose hinterlassen haben, zu erschnüffeln. Beim Fehlen von interessanten Gerüchen schnüffeln Hunde häufig in der Genitalregion, um mehr über die betreffende Person zu erfahren.
Dies kann für Besitzer und Besucher, die diese Aufdringlichkeit nicht begrüßen, sehr unangenehm sein.

WUSSTEN SIE?

- Die Riechschleimhaut, die der Aufnahme von Gerüchen dient, ist bei Hunden 37 mal größer als bei Menschen.
- Die für die Verarbeitung dieser Reize zuständigen Gehirnareale sind beim Hund ebenfalls bedeutend größer und komplexer als beim Menschen.

Bist du's wirklich?

Katzen reiben gern ihren Kopf an ihren Freunden. Die Katze versucht dies beim Hund, aber der Basset versteht es nicht und nützt die günstige Gelegenheit, um den Kopf der Katze zu beschnüffeln. So ist er in der Lage festzustellen, dass es tatsächlich die Familienkatze ist, aber auch, wer die Katze zuletzt gestreichelt hat und wo sie war.

Begegnung mit anderen Hunden

Der Geruch ist zum Informationsaustausch für Hunde sehr wichtig. Ein Schnüffeln beantwortet alle Fragen: Wer bist du? Wo kommst du her? Was hast du gegessen? Welchen Geschlechts und wie alt bist du? Es ist wahrscheinlich, dass Hunde auch viele andere Dinge über den Geruch wahrnehmen können, von denen wir noch nichts wissen. Das Beschnüffeln folgt nach einem festen Ritual. Beide Hunde riechen jeweils gegenseitig zuerst am Maul und dann am Hinterteil. Anschließend gehen sie ihren Weges, beginnen zu kämpfen oder zeigen Spielbereitschaft und ein Spiel beginnt.

Wer bist du?

Diese beiden Hunde werden durch Leinen zurückgehalten und können nur die Nasen zusammenstecken. Direkten Augenkontakt vermeiden sie, da dieser drohend wirkt. Sie kommen einander mit den Zähnen nahe, was sehr gefährlich sein könnte, aber das Verhalten ist so ritualisiert, dass es gewöhnlich ohne Probleme abläuft. Außerdem schätzt jeder Hund den anderen schon aus der Ferne ab, bevor er so nah herangeht.

Der Jack Russell rechts ist etwas von der intensiven Erkundung des anderen Hundes irritiert und antwortet, indem er sich so groß wie möglich macht, den Schwanz aufstellt und die Ohren anlegt.

WUSSTEN SIE?

- Ängstliche Hunde haben Probleme, Signale zu deuten und zu senden, was zu Kämpfen führen kann.

So einer bist du also

Hunde, vor allem unkastrierte Rüden, verbringen viel Zeit mit dem Beschnüffeln des Hinterteils. Sie scheinen an dieser Stelle eine Fülle von Informationen zu erhalten, die sie am Vorderende nicht bekommen. Trotz der feinen Nase schnüffeln sie aus nächster Nähe. Vielleicht müssen sie die Geruchsnachricht direkt am Ursprung aufnehmen, bevor sie sich in der Luft verflüchtigt oder sich mit anderen Gerüchen vermischt.

Bleib stehen, damit ich besser schnüffeln kann

Zwei Hunde von sehr unterschiedlicher Größe haben es meist schwerer, einander zur selben Zeit zu beschnüffeln. Mit dem Ergebnis, dass sie so lange umeinander herumlaufen, bis sie alle Informationen haben. Am Penis des anderen Hundes zu riechen, scheint wichtig zu sein.
Der beschnüffelte Hund verhält sich passiv und erstarrt, bis die Geruchskontrolle vorüber ist.

Menschen treffen

Die Körpersprache und ihre Signale spielen eine wichtige Rolle im Leben der Hunde. Sie benutzen ihre Körper, um ihre Absichten und Gefühle auszudrücken, die wir in Worte fassen würden. Diese Signale scheinen größtenteils angeboren zu sein. Die Feinabstimmung, wann welche Signale am erfolgversprechendsten eingesetzt werden, muss erlernt werden. Hunde wenden dieselben Signale in der Kommunikation mit Menschen an, was zu vielen Missverständnissen zwischen Mensch und Hund führen kann.

Ich freu mich, dich zu sehen!

Dieser Hund möchte freundlich sein, und zeigt dies durch Annäherung, seinen freundlichen Ausdruck und den Versuch, den Mund der Person abzulecken. Sie merkt dies und ist typisch menschlich freundlich: Sie lächelt, legt ihre Hand auf ihn und dreht ihren Kopf so, dass er nur ihr Kinn ablecken kann. Lecken ist eine beschwichtigende Geste, die signalisiert, dass er keine Bedrohung für sie ist. So hofft er, dass sie ihn nicht attackiert, denn er kennt sie nicht gut und ist sich ihrer Absicht nicht sicher.

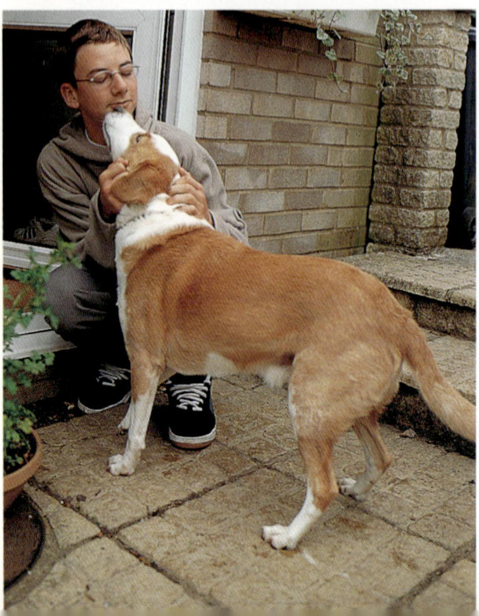

Du bist mein Lieblingsmensch

Dieser Hund hat eine tiefe Bindung zu seinem Besitzer. Das Ablecken des Mundes ist zu einer ritualisierten Begrüßung geworden. Dieses Verhalten stammt noch von den Wolfsahnen, bei denen die Welpen das Maul der zurückkehrenden Eltern lecken, um sie zum Hervorwürgen der Nahrung zu bringen – etwas, das bei Haushunden eher unwahrscheinlich ist.

Hallo mein Freund!

Kennt ein Hund jemanden sehr gut, zeigt er seine Freude mit dem gesamten Körper. Diese Hündin zieht an der Leine, um zu ihrer Freundin zu gelangen. Ihr Körper ist dabei ent- und nicht angespannt, wie er es bei aggressivem Verhalten wäre. Der Schwanz wedelt in großem Bogen von einer Seite auf die andere und ihr Gesichtsausdruck zeigt ein fröhliches „Grinsen".

WUSSTEN SIE?

- Ein wedelnder Schwanz kann Freundlichkeit, aber auch Aufregung ausdrücken. Es ist also wichtig, die ganze Körpersprache zu lesen, bevor man sich einem Hund mit wedelndem Schwanz nähert.

Ich will zu dir hinauf

Hunde springen an uns hoch, um näher an unser Gesicht zu gelangen. Als Welpen möchten sie unseren Mund lecken. Bei Belohnung wird dies schnell zu einer Gewohnheit.

Diese Hündin ist ängstlich und aufgeregt, wie die weit geöffnete Schnauze, die nach hinten gelegten Ohren und die heraushängende Zunge zeigen. Sie sucht beim Besitzer Beruhigung. Da sie in der Vergangenheit für das Hochspringen stets zurechtgewiesen wurde, ist sie sich ihrer Sache nicht sicher und hält die Vorderpfoten für diesen Fall weiter unten.

Sind wir Freunde?

Ob zwei Hunde miteinander auskommen oder nicht, hängt von vielen Faktoren ab, beispielsweise wie vereinbar ihre Persönlichkeiten sind oder wie sie einander kennen lernen. Manche Hunde sind scheu und unsicher, andere spielen gern und möchten so viele andere Hunde wie möglich treffen. Manche Hunde haben gute kommunikative Fähigkeiten, andere geraten oft in Kämpfe und Rangeleien. Die Körpersprache und das Senden und Empfangen von Botschaften spielen bei diesen Begegnungen eine zentrale Rolle.

Ich weiß nicht, was ich von dir halten soll

Der Labrador hat nicht genug soziale Kompetenz oder zu viel Temperament, um zu merken, dass der andere Hund von der Geschwindigkeit der Annäherung verunsichert ist. Der braun-weiße Hund bleibt stehen und schnüffelt kurz am Labrador, vermeidet aber Blickkontakt. Seine zurückgelegten Ohren signalisieren Beunruhigung. Mit in neutraler Haltung getragenem Schwanz versucht er, nicht zu provozieren. Der Labrador ist sehr aufgeregt, wie man am schnell wedelnden Schwanz sehen kann.

Ich bin mir immer noch nicht sicher

Die erstarrte Haltung des braun-weißen Hundes hat eine gewisse Wirkung auf den Labrador. Die Haare an der Schwanzwurzel und entlang des Rückens beginnen sich aufzustellen, was deutlich zeigt, dass er nun auch etwas verwirrt ist.
Sein Wille zum Erkunden ist noch immer stark, aber er ist nicht mehr so überschwänglich wie zuvor und er hebt unschlüssig seine Vorderpfote.

Lass uns toben!

Nach dem Beschnüffeln möchte der linke Hund Freundschaft schließen. Der Jack Russell ist noch immer sehr starr und angespannt, also lädt ihn der andere Hund mit einer typischen Spielaufforderung zum Spiel ein. Dazu hält er für einige Sekunden seine Ellbogen auf den Boden und das Hinterteil in die Luft, eine typische Pose.

WUSSTEN SIE?

- Signale wie die typische Spielaufforderung können bei allen Hunden dieser Welt beobachtet werden. Solche universellen Signale müssen nicht erlernt werden, jeder Hund kennt sie.
- Gut sozialisierte Hunde haben gelernt, ihr Benehmen zu verfeinern, um von anderen Hunden akzeptiert zu werden.

Komm, spiel mit mir!

Dieses Signal sagt: „Ich möchte mit dir spielen.“ Hunde wenden es sowohl Artgenossen als auch Menschen gegenüber an. Die Pose wird für einige Sekunden mit wild wedelndem Schwanz beibehalten, bevor der Hund aufspringt und davonläuft. Dabei blickt er nach hinten, um zu sehen, ob seine Einladung angenommen wurde. Dieser Hund hat gelernt, so zu begrüßen. Sein entspannt „lächelndes Gesicht“ verrät, dass sich eine Person nähert, die er kennt.

Hunde-Sprache

Verglichen mit Menschen haben Hunde sehr begrenzte Möglichkeiten, über Lautäußerungen zu kommunizieren. Sie setzen vielmehr ihre Körpersprache zur Übermittlung von Nachrichten ein. Laute werden eher dazu verwendet, um Körpersignale zu unterstreichen, weniger als eigenständiges Signal. Von den bekannten Lautäußerungen wie Knurren, Heulen und Bellen wird das Bellen am häufigsten genutzt, und zwar auf unterschiedliche Arten mit verschiedenen Bedeutungen. Die Palette reicht vom Bellen um Aufmerksamkeit bis zur Warnung, vom Ausdruck der Aufregung bis hin zum Frustbellen.

Kann mich jemand hören?

Heulen ist eine gute Möglichkeit, um mit anderen Hunden, die weit weg sind, zu kommunizieren. Dieser Husky hat mit seinem Geheul die anderen zum mitmachen aufgefordert. Sie heulen nun in der Gruppe, jeder auf eine andere Art. Heulen hilft von der Gruppe isolierten Hunden, den Weg zurück zum Rudel zu finden. Hunde in Zwingern heulen oft, als ob sie sich mit anderen Mitgliedern eines verlorenen Rudels vereinigen möchten.

Bleib weg!

Um Fremde fern zu halten, wird eine explosive Serie von tiefen Bellern, oft in Kombination mit einem Sprung nach vorne, eingesetzt. Dieser Hund zeigt seine Angst durch zurückgelegte Ohren, zurückgezogene Mundwinkel und große Augen – ein Resultat von weit aufgerissenen Augenlidern. Autos sind kleine Räume, die leicht zu verteidigen sind, daher haben Hunde hier viel mehr Selbstbewusstsein, Fremde anzubellen als an anderen, offeneren Orten.

Schau zu mir!

Kleine, verhätschelte Hunde bellen häufig, um Aufmerksamkeit zu erhalten. Dieser Hund will im Mittelpunkt der Beachtung stehen. Wird er ignoriert, beginnt er ausdauernd zu kläffen, lediglich kurze Erholungspausen unterbrechen die Vorstellung. Reagiert sein Besitzer, hört er auf – reagiert er nicht, kann er eine entnervend lange Zeit damit fortfahren.

Das ist meiner!

Drohendes Knurren kann sehr furchteinflößend sein. Es soll beim Gegner Zweifel wecken, ob er im Falle eines Kampfes gewinnen kann.

Dieser Hund will seine Trophäe nicht so leicht hergeben und verleiht dem mit einem tiefem Knurren Nachdruck, das für einen so kleinen Hund erstaunlich laut ist. Keiner, der es hört, kann es ignorieren. Es ist ein deutliches Signal, dass eine Annäherung gefährlich ist.

WUSSTEN SIE?

- Im Vergleich zu Kindern sind Hunde weniger gut in der Lage, Laute als Signale zu verstehen und lernen Wörter wie „Sitz“ oder „Hier“ viel langsamer.
- Es ist für einen Hund um vieles leichter, gesprochene Kommandos zu erlernen, wenn diese während des Trainings gemeinsam mit Handzeichen gegeben werden. Das Handzeichen kann dann später, wenn die Übung gut sitzt, weggelassen werden.

Im Rudel leben

In Wildhundrudeln herrscht eine ausgeprägte soziale Hierarchie. Die größten, stärksten und klügsten Hunde haben einen hohen Status, während die schwächeren eine untergeordnete Stellung einnehmen. Dieses soziale Gefüge stellt sicher, dass die stärksten Hunde das beste Futter und die besten Schlafplätze bekommen. Sie haben auch die besten Chancen sich fortzupflanzen und ihre Gene an die nächste Generation weiterzugeben.

Du bist der Anführer

Die Vorfahren der Hunde, die Wölfe, leben in einer strengen Hierarchie. Jedes Mitglied kennt seinen Platz in der Rangordnung genau und benimmt sich entsprechend. So werden Kämpfe innerhalb des Rudels vermieden. Dies ist wichtig, denn jeder Wolf hat ein kräftiges Gebiss, mit dem er schlimme Verletzungen anrichten kann. Wenige Kämpfe bedeuten ein gesünderes Rudel, das bessere Chancen hat, genug Beute zu erlegen.

Ihr seid mein Rudel

Unsere Haushunde sind in der Rolle als rangniedrigstes Rudelmitglied am glücklichsten.
Dieser Hund hat alle Familienmitglieder, inklusive Katze, als ranghöher akzeptiert und wenig Interesse daran, eine höhere Position in seinem Rudel anzustreben. So bleibt er ein freundliches, liebenswertes Haustier, das freudig alles tut, was man von ihm möchte. Er hat den Menschen die ganze Verantwortung für sein Wohlergehen überlassen.

Ich geh mit dir

Diese Hündin ist mit dem Wissen, dass die Kinder des Haushaltes über ihr stehen, aufgewachsen. Sie nimmt von ihnen alle Befehle freudig entgegen und lässt sich gern in jede Richtung dirigieren. Und das, obwohl sie bei weitem stärker ist als die Kinder, sich leicht aus dem Griff am Halsband befreien könnte.

WUSSTEN SIE?

- Gute Rudelführer achten darauf, dass es ihrem Rudel gut funktioniert. Sie kommen dem Willen des Einzelnen nicht immer nach und können, wenn nötig, kompromisslos und hart sein. Sie entscheiden, was getan wird und auch, wann es getan wird. Es ist ihre Stärke, die ihnen den Respekt einbringt, und nicht ständiges Tyrannisieren und Quälen.

Ich steh über dir

Leben zwei Hunde zusammen, bildet sich eine Hierarchie zwischen ihnen. Eine erhöhte Position bringt einen Vorteil. Dies wird häufig während eines Konflikts vom Ranghöheren genutzt, um die Kontrolle wieder zu gewinnen. Interessanterweise ist es oft der kleinere von beiden, der die Führung innehat. Sie scheinen oft die stärkere Persönlichkeit und auch den stärkeren Willen zu haben, Rudelführer zu sein.

Wer ist der Leithund?

Welpen verbringen die ersten sechs Monate damit, die Stärken oder Schwächen der anderen Rudelmitglieder zu erkunden. Sie spielen mit anderen Welpen und allen anderen Rudelmitgliedern, damit sie feststellen können, wo ihr Platz im Rudel ist. Kommen sie in eine neue menschliche Familie oder zu fremden erwachsenen Hunden, durchlaufen sie denselben Prozess, um ihren Status im Rudelgefüge herauszufinden und sich optimal integrieren zu können.

Bin ich stärker als du?

Der Welpe mit dem stärksten Willen wird höchstwahrscheinlich sogar gegenüber körperlich stärkeren Welpen der erfolgreichere sein. Der Status wird nicht vor der Pubertät bestimmt, es zeichnet sich aber meistens schon früher ab, wer der mental Stärkste ist und die meisten Rangeleien gewinnt. Während der nächsten Monate werden sie viele kleine spielerische Kämpfe um Kauartikel oder Spielzeug austragen. Mit dem Erreichen des Erwachsenenalters hat jeder Junghund eine klare Vorstellung von seiner Position im Rudel. So ist es sehr unwahrscheinlich, dass erneute Kämpfe um die Rangordnung stattfinden.

Lass uns spielen!

Spiel bedeutet nicht nur Spaß, es dient auch der Feststellung, wer die besten Fähigkeiten besitzt und damit der geeignetste Rudelführer sein könnte. Hunde, die einander neu kennen lernen, spielen viel miteinander. Dies wird weniger, wenn sie sich besser kennen.

Tau ziehen

Dieser Hund genießt das Zerrspiel. Er hat starke Kiefer und ein angeborenes Bedürfnis, Dinge festzuhalten und daran zu ziehen. Ehrgeizige Hunde versuchen oft, so die Stärke eines Kontrahenten zu prüfen und ihn von ihrer Eignung zum Anführer zu überzeugen. Weniger ambitionierte Hunde wie dieser scheinen einfach nur spielen und nicht die Kontrolle übernehmen zu wollen.

Versuch doch, ob du's kriegst

Die Körpersprache der Boxer-Hündin signalisiert, dass sie bereit ist, ihr Spielzeug zu verteidigen. Der Border Collie sollte es sich wirklich gut überlegen, ob er stark genug für einen Kampf ist. Obwohl dies nur ein Spiel und nicht ernst ist, würde schon die Keckheit des Versuchs eine Veränderung in der Hierarchie zwischen den beiden bedeuten.

WUSSTEN SIE?

- Wenn Ihr Hund die Kontrolle übernommen hat, müssen Sie aktiv werden: Demonstrieren Sie ihm Ihre eigene hohe Rangposition und schränken Sie ihn in seinen Vorrechten ein!

Ich muss mich behaupten

Für neue Rudelführer ist es wichtig, die anderen Rudelmitglieder zu beeindrucken. Meistens reichen dafür subtile Zeichen, um Stärke zu demonstrieren. Doch manchmal ist es nötig, freche Rudelmitglieder, die sich dem Neuen nicht unterordnen wollen, zurechtzuweisen. In neu gebildeten, instabilen Rudeln treten häufiger Aggressionen auf, vor allem, wenn der Anführer darum kämpfen muss, seine Position als Rudelchef zu behaupten.

Du wirst mir gehorchen!

Die Geste dieses Huskys ist unmissverständlich. Einer der untergeordneten Hunde hat es gewagt, seine Autorität in Frage zu stellen. Dem Herausforderer wird mit stechendem Blick, entblößten Zähnen und feindselig starr ausgestreckter Zunge gedroht. Das Köpergewicht ist – zur Attacke bereit – nach vorn verlagert. Er hat sich zu seiner vollen Größe aufgerichtet und knurrt grollend, um seinem Kontrahenten zu zeigen, wie mächtig er ist.

Sieh dir meine Zähne an!

Mit dieser Geste soll dem Gegner gezeigt werden, mit welchen Waffen der Hund ausgestattet ist. Die Lefzen werden vorne so hoch wie möglich gezogen, wodurch die Mundwinkel ein wenig nach vorne wandern und nicht nach hinten, wie bei ängstlichen Hunden. Mit dieser Demonstration von Stärke wird die Möglichkeit für einen Rückzug geboten. Dieser muss langsam und offensichtlich erfolgen, um eine Attacke zu vermeiden.

Ich bin die Nummer eins

In einem etablierten Rudel sind Machtdemonstrationen meist subtiler und nicht aggressiver Natur. Als Erster auf das Sofa zu springen, um dort das Spielzeug zu nehmen und mit dem Körper die Versuche des anderen Hundes, ebenfalls hinaufzuspringen, abzublocken, ist eine Möglichkeit, die Rolle als Rudelführer zu unterstreichen. Aggressionen kommen unter Haushunden seltener vor, da ihr Leben unkomplizierter ist. Zudem sind sie häufig kastriert und so besteht weniger Anlass zu Konkurrenz.

Hallo, ich bin dein Freund!

Ein unterwürfiges „Grinsen“ wie dieses wird von Menschen oft als Ausdruck von Aggression fehlinterpretiert. In Wahrheit ist dieses „Grinsen“ dem menschlichen Lächeln sehr ähnlich. Hunde zeigen es oft bei der Begrüßung von Menschen, die sie kennen. Interessanterweise wird diese Geste nur Menschen gegenüber gezeigt. Die Veranlagung zu diesem Verhalten scheint angeboren zu sein.

Okay, du gewinnst

Ist die Rangordnung einmal festgelegt, bekunden die Tiere niederen Ranges häufiger ihre Position als die Ranghöheren. Sie tun dies mit Unterwerfungsgesten gegenüber ranghöheren Tieren, wann immer sie ihnen begegnen. Durch diese ständigen Zeichen der Unterwürfigkeit funktioniert die hierarchische Ordnung reibungslos. So wird vermieden, dass die ranghöheren Tiere ihre Macht durch aggressives Verhalten demonstrieren müssen, was im Interesse aller Rudelmitglieder ist und für Stabilität innerhalb des Rudels sorgt.

Ich bin ganz harmlos

Diese Dackel-Hündin hat gelernt, die rangniedrigste im Rudel zu sein. Sie präsentiert auf dem Rücken liegend den ungeschützten Bauch, ist verletzlich und zeigt damit, dass sie ihr Schicksal vertrauensvoll in die Hände der ranghöheren Mitglieder legt. Eine Attacke auf jemanden, der sich so hinlegt, ist unwahrscheinlich. Diese Strategie hat sie schon häufig erfolgreich in Situationen angewandt, in denen sie eigentlich eine Rüge bekommen hätte. Sie wirkt jetzt entspannt.

Ich bin nur ein Welpe, bitte nicht attackieren

Der Welpe hat den großen Hund zum ersten Mal getroffen. Instinktiv weiß er, dass eine Unterwerfungsgeste ihn vor einer Attacke schützen kann. Mit erhobener Pfote, leckender Zunge und Präsentation seines Bauches zeigt er, dass er keinen Ärger verursacht. Er ist unsicher, ob die Strategie funktioniert, was an den angelegten Ohren, den weit geöffneten Schnauze und dem erhobenen Kopf zu erkennen ist.

Ich unterwerfe mich

Dieser Hund ist verunsichert, weil er angestarrt wird. Er senkt deshalb seinen Kopf und hebt die Pfote. Eine in Unterwerfung erhobene Pfote wird nicht zum Festhalten angeboten. Menschen meinen oft, der Hund versuche „Pfote zu geben“ und greifen danach. Der gesenkte Kopf und das geschlossene Maul signalisieren, dass keine Gefahr besteht.

WUSSTEN SIE?

- Welpen und häufig auch erwachsene Hunde setzen bei der Begrüßung von höherrangigen Rudelmitgliedern eine kleine Menge Urin als Geruchsprobe ab, um zu zeigen, dass sie ungefährlich sind.

Gib mir das Leckerchen!

Dieser Hund hat für das Anheben der Pfote einen anderen Grund. Sein Kopf ist oben und seine Sinne sind auf ein angebotenes Leckerchen konzentriert. Er hat gelernt, dass er es bekommt, wenn er der Person mit dem Leckerchen die Pfote gibt. Er ist mit Menschen vertraut und sieht jetzt keinen Grund zur Unterwerfung.

Wo ist mein Platz?

Wie Hunde ihren Status Menschen gegenüber sehen, wird nicht durch Kämpfe bestimmt. Sie orientieren sich dabei an der Stärke und den Fähigkeiten ihrer Menschen und nicht an ihren eigenen Erfolgen bei anderen Hunden. Wenn ein Welpe etwa sechs Monate alt ist, beziehungsweise ein erwachsener Hund rund zwei Wochen in seinem neuen Zuhause verbracht hat, wird er versuchen, seinen Platz in seiner Familie herauszufinden.

Nach dir

Dieser Hund geht gern als Zweiter durch die Tür und wartet geduldig, bis er an der Reihe ist. Hunde, die meinen, einen hohen Status zu haben, werden versuchen, an ihrem Besitzer vorbeizudrängeln, um als Erste in den Raum zu gelangen. Kleine Begebenheiten wie diese bleiben von Besitzern häufig unbemerkt. Aber für ehrgeizige Hunde sind sie ein weiteres Indiz, dass sie Rudelführer sein sollten.

Ich möchte in diese Richtung gehen

Hunde, die immer hingehen können, wohin sie möchten, kommen sich wichtig vor. Dem Hund stets seinen Willen zu lassen, vermittelt ihm einen falschen Eindruck seines Ranges. Erst den eigenen Weg zu gehen und dann etwas später dem Hund zu erlauben, das zu tun, was er möchte und seinen Wünschen nachzukommen, hilft ihm, seinen Platz in der Familie zu akzeptieren.

Geh doch an mir vorbei, wenn du kannst!

Hunde zeigen ihren höheren Rang oft, indem sie Rudelmitglieder hindern, sich frei im Revier zu bewegen. Ignoriert jemand ihre Regeln, können sie aggressiv reagieren. Situationen wie diese sind für Besitzer beängstigend und somit für den Hund häufig erfolgversprechend. Vorangegangene kleinere, vom Besitzer unbemerkte, aber vom Hund gewonnene Gefechte geben ihm das Selbstbewusstsein, eine solch große Machtdemonstration zu wagen.

WUSSTEN SIE?

- Ein hoher Rang basiert zumeist auf dem Gewinnen von kleinen Gefechten mit Rudelmitgliedern. Das Risiko, bei größeren Kämpfen zu verlieren, wird selten eingegangen.
- Ständig den eigenen Weg energisch zu gehen, ist eine erfolgversprechende Strategie, um die anderen zur Unterordnung zu bringen. Es sei denn, diese sind selbst ebenso ambitioniert.
- Da Hunde andere Ressourcen kontrollieren möchten als Menschen, werden ihre Machtgelüste häufig erst bemerkt, wenn es zu spät ist.

Futter und Fitness

Hunde stammen von Wölfen ab, die davon lebten, in Rudeln große Beute zu erlegen. Durch selektive Züchtung besteht äußerlich zwar nicht mehr viel Ähnlichkeit mit den Vorfahren, die jagdlichen Eigenschaften tragen unsere Hunde aber noch in sich. Die komplette Jagdsequenz – Verfolgen einer Fährte, Aufspüren, Anpirschen, Fassen, Totschütteln und Fressen – können wir als Einzelaktionen gut bei unseren Hunden beobachten. Teilweise wurden sie durch Zucht gezielt gefördert.

Vorsichtig pirsch ich mich an

Räuberisches Verhalten ist bei Wölfen ausgeprägt und instinktiv. Alle Sinne des Wolfes sind beim Anpirschen auf die Beute konzentriert. Er hält seinen Körper so ruhig wie möglich, um nicht entdeckt zu werden. Der Jagdtrieb ist eine unerwünschte Eigenschaft bei Haushunden, aber leider dennoch häufig beobachtbar. Es ist ein angeborener Wesenszug, der bei den meisten Hunden durch frühzeitiges Training unter Kontrolle gebracht werden kann.

Komm her, kleines Häschen!

Greyhounds wurden dafür gezüchtet, kleine, schnelle Tiere wie Hasen zu erlegen. Bei Haushunden ist das ein unerwünschter Zug, vor allem wenn die Besitzer womöglich sogar Kaninchen halten. Die Stärke des Jagdbedürfnisses variiert von Hund zu Hund. Manche Greyhounds ignorieren Kaninchen einfach, andere warten geduldig auf ihre Chance.

Langsam, langsam, ihr Ferkelchen!

Der Jagdinstinkt dieser Ridgeback-Hündin begann sich ab dem sechsten Lebensmonat zu entwickeln. Obwohl die Anwesenheit des Besitzers und des Mutterschweins sehr dagegen sprechen, kann sie nicht widerstehen, sich an die kleinen Ferkel heranzupirschen. Sie hat niemals ihr Futter selbst erlegen müssen, aber ihr Jagdinstinkt ist so ausgeprägt, dass sie sogar Ärger in Kauf nimmt, um ihn auszuleben. Sie bewegt sich langsam. All ihre Sinne sind, die Umwelt völlig vergessend, auf das Beuteobjekt fixiert.

WUSSTEN SIE?

▸ Für die einzelnen Jagdsequenzen wurden unterschiedliche Hunderassen gezüchtet. Spürhunde, um Spuren zu verfolgen, Meutehunde, um zu hetzen und Terrier, um zu fangen und zu töten.

Beobachten und warten

Der Trieb des Border Collies, zu beobachten, sich anzupirschen und zu treiben, wurde über Generationen gezielt gezüchtet, bis die Hunde dieses Verhalten bereitwillig zeigten. Jede dieser Eigenschaften hat bei der Arbeit mit Schafen einen anderen Nutzen und alle werden dabei hoch geschätzt. In der Wildnis ist das Beobachten der Beute wichtig, um die Wahrscheinlichkeit eines Jagderfolgs abschätzen zu können und die Erfolgschancen auf eine Mahlzeit zu steigern.

Ich fang' dich

Das Bedürfnis von Hunden zu hetzen ist bekannt. Menschen haben es sich bei Hütehunden für die Arbeit mit Schafen und Rindern zunutze gemacht. Die Anlagen sind auch in unseren Haushunden vorhanden und besonders stark bei Hunden ausgeprägt, die von Gebrauchslinien abstammen. Wird diesem Bedürfnis beispielsweise durch Spiel mit Spielzeug nicht Rechnung getragen, kann es große Probleme geben, weil der Hund Wild, Radfahrer etc. hetzt.

Ich muss ihn einholen

Border Collies gehören zu den besten Verfolgern der Welt. Dieser Hund läuft begeistert hinter dem Mann her. Er ist ein freundlicher Hund und es ist nicht seine Absicht, den Mann zu beißen, sondern zu ihm aufzuschließen. Manche Hunde zwicken aber, wenn es der Abstand zulässt, insbesondere wenn sie sehr begeistert sind oder Angst vor Fremden haben. Da Menschen durch dieses Verhalten Angst bekommen oder verletzt werden können, ist es wichtig, es in Spiel mit Spielzeug umzuleiten.

WUSSTEN SIE?

- Hunde in einem Rudel jagen eher, als ein einzelner allein.
- Zwei Hunde sind ausreichend, um ein Rudel zu bilden. Sie sind stark und frech genug, Dinge zu probieren, zu denen sie alleine nicht die Courage hätten.
- Für einen Besitzer von mehreren Hunden kann das zu einem ernsten Problem werden, vor allem, wenn die Hunde gern Radfahrer oder Jogger jagen.

Ich kann schneller laufen

Autos bewegen sich schnell und bieten eine perfekte Chance für eine flotte Hetzjagd. Diese Hündin ist voll durchgestreckt, sie läuft so schnell sie kann. Manche Hunde sind von der Autojagd so besessen, dass sie sogar nach einem Unfall, bei dem sie schwer verletzt wurden, weitermachen. Es ist ein gefährliches Spiel, bei dem Mensch und Tier ernsthaft zu Schaden kommen können.

Lass es mich jagen

Diese Hündin hat gelernt, den Lichtstrahl einer Taschenlampe zu jagen. Nachdem in der Welpenzeit damit begonnen wurde, ist es nun eines ihrer Lieblingsspiele. Das Kind lässt den Strahl schnell wandern. Manchmal scheint er auf Plätze, die für die Hündin nicht erreichbar sind, dann wieder fliegt er über Teppich, Sessel und Wand. Da die Hündin mehr am Nachjagen als am Erwischen interessiert ist, stellt dies ein spannendes, erfüllendes Spiel für sie dar. Allerdings vergisst sie dabei alles um sich herum und läuft Gefahr, sich an Möbeln oder anderen Hindernissen zu verletzen.

Fangen

Haben Hunde nicht genug Möglichkeiten sich auszutoben, werden sie ein anderes Ventil für ihre überschüssige Energie finden, indem sie alles jagen, was sich schnell bewegt. Vor allem Hunde, die aus Arbeitszuchten kommen, haben oft mehr Energie, als ihre Besitzer wahrhaben wollen und sind häufig unterfordert. Das kann zu unerwünschten Verhaltensauffälligkeiten führen. Regelmäßig durchgeführte aufregende Beutespiele mit Spielzeug sind in der Regel eine praktikable Lösung, um den Hund zu beschäftigen, seine Energie zu kanalisieren und möglichen Problemen vorzubeugen.

Ich hab ihn gleich!

Hunde, deren Umgebung nichts zu jagen bietet, kommen oft auf die Idee, das einzige zu jagen, das sich bewegt: ihren Schwanz. Es kann zur Besessenheit ausarten, sodass sie während der Jagd um die eigene Achse alles andere vergessen. Erwischen sie ihn, können sie ihn blutig beißen. Der wirklich wichtige Teil ist jedoch die Jagd an sich. Selbst nach einer Amputation jagen sie noch den Stumpf. Eine abwechslungsreichere Umgebung und häufigeres gemeinsames Spiel mit Spielzeug bedeutet für solche Hunde ein besseres Leben.

WUSSTEN SIE?

- Manche Hunde mögen Spielzeug, das rollt, weil sie lange Jagden lieben, andere wiederum bevorzugen welches, das unberechenbar umherspringt, wie es lebendige Beute auch tut.
- Mit verschiedenen Hilfen – wie beispielsweise Schnüre an Bällen zum Schwung holen – kann Spielzeug viel weiter geworfen werden. Die längeren Jagdstrecken werden vor allem von sehr aktiven Hunden hoch geschätzt.

Komm schon, beweg dich noch mal

Manche Hunde sind von den Aktivitäten anderer Haustiere fasziniert. Dieser Hund beobachtet fasziniert die Bewegungen der Ratte. Er würde sie jagen, wenn er dürfte oder die Gelegenheit bekäme. Für das gejagte Tier könnte dies durchaus tödlich enden. Am besten beugt man solchen Ambitionen vor, indem man die Aufmerksamkeit des Hundes auf Spielzeug lenkt. Das ist nicht so schwer, wie man meint, da das Spiel mit Spielzeug, das er fangen und auf dem er auch herumkauen kann, oft befriedigender für den Hund ist.

Das macht Spaß

Die Kinder des Hauses zu jagen macht Spaß. Sie bewegen sich schnell und unberechenbar und geben oft aufregende Geräusche von sich. Für den Hund ein Genuss, aber unbeaufsichtigt kann das Spiel schnell außer Kontrolle geraten. Zudem besteht die Gefahr, dass ein Hund, der dies zuhause darf, auch fremde Kinder jagt. Es ist daher klüger, wenn die Kinder Spielzeug verwenden, um mit dem Hund zu spielen, um möglichen Problemen vorzubeugen.

Jetzt hab ich dich!

Hat der Hund sein Opfer erwischt, besteht die nächste Jagdsequenz darin, es so schnell wie möglich durch kräftiges Zupacken und einen gezielten Biss zu töten. Obwohl unsere Hunde keine so ausgeprägten räuberischen Instinkte mehr haben wie ihre Vorfahren, ist immer noch genug davon vorhanden, um in der Wildnis erfolgreiche Jäger sein zu können. Die meisten Hunde lieben es, ein Spielzeug am Ende einer Hetzjagd zu schnappen. Manche von ihnen beißen gern fest zu und schütteln es dann, das Töten simulierend.

Jetzt gehörst du mir

Das Spielzeug wird über die Wiese gezogen und springt dabei umher wie ein kleines Tier. Der Collie stürzt sich darauf und versucht, es mit seinen Vorderpfoten zu fixieren, bis er es mit seinen Zähnen fassen kann. Hunde verwenden diesen Sprung oftmals aus dem Unterholz heraus, um dadurch kleine Beutetiere vor Schreck zu lähmen und diese somit an einer Flucht zu hindern.

Ich hab's

Den Ball am Ende einer Jagd zu erwischen, ist für Hunde ein befriedigendes, lustvolles Erlebnis. Dieser Terrier schnappt den Ball und kaut einige Male darauf herum, wobei das Spielzeug quietschende Laute von sich gibt. Obwohl es nur ein Spiel ist, befriedigt es seinen Jagdtrieb. Dieser Hund hält mit Sicherheit weniger Ausschau nach richtiger Beute.

WUSSTEN SIE?

- Terrier wurden ursprünglich gezüchtet, um kleine Tiere wie Ratten zu jagen und zu töten. Ihr räuberischer Instinkt ist stark, deshalb spielen sie auch sehr gern mit quietschendem Spielzeug, das an die Geräusche einer gefangenen Beute erinnert.

Einmal kräftig schütteln

Energisches Schütteln kann die Beute betäuben oder ihr so schwere Verletzungen zufügen, dass Abwehrreaktionen unwahrscheinlich sind. Mit seinen starken Nackenmuskeln schüttelt dieser Hund seinen Kopf, so dass die Lefzen und Ohren fliegen. Zwar verbessert das Üben mit Spielzeug die jagdlichen Fähigkeiten, jedoch wird das Bedürfnis des Hundes zu jagen verringert.

Kauen, kauen, kauen

Die meisten Haushunde bekommen heutzutage Futter, das kaum Kautätigkeit erfordert. Ihre Vorfahren mussten sich jedoch durch die dicke Haut großer Beutetiere beißen, Knochen knacken und eine Beute bis zum letzten Bissen zerkauen. Diese Anlagen stecken noch in unseren Hunden, daher zerbeißen sie ihr Spielzeug gern und rupfen es in kleine Stücke. Oder sie trainieren ihre Kiefer an Kauartikeln. Ist nichts zum Kauen da, können sie Haushaltsutensilien oder das Spielzeug der Kinder zerstören. Daher ist es wichtig, Hunden ständig Kauartikel wie Kauknochen zur Verfügung zu stellen.

Ich zerbeiß dich

Ist die Beute erlegt und „getötet“, wird als Nächstes der Körper geöffnet. Dieser Hund verwendet seine Pfoten, um den Igel so lang zu drehen, bis dessen Nase auftaucht, da sie leicht abgebissen werden kann.

Du bist aber zäh!

Manchmal ist Haut, oder in diesem Fall Plastik, zäh und man braucht starke Muskeln, um das Fleisch von den Knochen zu bekommen. Indem der Hund auf der Beute steht, macht er sich die Hebelwirkung zunutze, um Stücke herauszureißen. Wäre es Fleisch, würde er es fressen. Das Plastik wird jedoch ausgespuckt.

WUSSTEN SIE?

- Kauknochen und Kauspielzeug bedeuten für Hunde Spaß und ein gutes Training für die Kiefer.
- Büffelhautknochen sind manchmal zu hart für Hunde. Weicht man ein Ende in Wasser auf, sind sie schmackhafter und leichter zu kauen.
- Hunde sollten immer eine Auswahl an Kauspielzeug zur Verfügung haben, um sie davon abzuhalten, an Möbeln, Kleidung etc. zu knabbern.

Ich kaue gern

Auch alte Hunde haben das Bedürfnis zu kauen, eine Tatsache, die von Besitzern häufig übersehen wird, da sie meinen, nur Welpen hätten diesen Drang. Die Vorfahren unserer Hunde mussten ihr ganzes Leben lang in der Lage sein, Beute zu zerkauen. Hunde, die speziell dafür gezüchtet wurden, Wild in ihrem Maul zu tragen, wie beispielsweise Retriever oder andere Apportierhunde, lieben das Kauen noch mehr, als andere Rassen.

Wahre Energiebündel

Die Vorfahren unserer Haushunde, die Wölfe, haben auf der Suche nach Beutetieren große Distanzen zurückgelegt. Wir Menschen haben selektiv Hunde für anstrengende Arbeiten gezüchtet, die viel Ausdauer erfordern, wie das Hüten von Herden oder das Aufspüren von Wild. Die meisten Hunde stammen also von Ahnen ab, die den ganzen Tag laufen konnten, während wir heute von ihnen erwarten, dass sie meiste Zeit des Tages brav auf ihrem Platz liegen.

Hoch hinaus

Haben sie es einmal gelernt, springen aktive, gesunde Hunde gern überall hinauf. Sie scheinen die Herausforderung zu genießen und trainieren dabei gleichzeitig ihren Körper. Sie brauchen oftmals keinen Grund, sie tun es einfach, weil sie es können.

Rennen macht Spaß

Greyhounds sind für Schnelligkeit geschaffen. Gesunde, junge Hunde wie dieser lieben es, ausgiebig zu laufen, wenn sie von der Leine gelassen werden, um überschüssige Energie loszuwerden. Greyhounds ziehen kurze Sprints langsamem Traben vor. Letzteres könnten sie den ganzen Tag über. Sie laufen oft bis zur Erschöpfung, ehe sie sich zum Ausruhen hinlegen.

WUSSTEN SIE?

- Wir erwarten von unseren Haushunden, über lange Zeit ruhig zu liegen und unternehmen nur kurze Spaziergänge. Traurig für sie, denn es widerspricht ihrem Naturell.
- Viele Verhaltensprobleme sind darin begründet, dass Hunde zu viel Energie haben und versuchen, sie loszuwerden – häufig auf eine Art, die uns nicht zusagt.

Ich zieh dich hinterher!

Hunde ziehen an der Leine, weil sie schneller als ihr Besitzer gehen möchten. Selbst wenn der Besitzer läuft, ist es nicht schnell genug, da sie noch schneller vorwärts kommen möchten. Sie glauben, durch das Leine ziehen kämen sie schneller ans Ziel. Die Vorwärtsbewegung ihrer Besitzer bestätigt dieses Verhalten, weswegen der Hund künftig noch stärker ziehen wird.

Ich kann schneller laufen

Hunde spielen gern Fangspiele – so werden sie ihre Energie los. Der braune Hund hat die Führung übernommen, und der Hütehund läuft so schnell er kann, um aufzuschließen.

Das Leben ist großartig!

Hunde, deren Bedürfnissen Rechnung getragen wird, sind zufriedener und benehmen sich besser als solche, die ständig versuchen, ihre überschüssige Energie loszuwerden. Für fitte Hunde gibt es eine Reihe an Möglichkeiten, geistig und körperlich gefordert zu werden. Besitzer, die sich die Mühe machen, regelmäßig mit ihren Hunden zu spielen oder Sport zu betreiben, genießen neben ausgeglichenen Hunden zudem den Vorteil einer besseren Bindung.

Ich will das Spielzeug

Spiele mit Spielzeug sind eine gute Möglichkeit, um Energie abzubauen. Dieser Hund hat all seine Sinne auf den Ball gerichtet und will nur eins: ihn fangen. Körper und Geist sind gleichermaßen gefordert. Da der Mensch die Quelle des ganzen Spaßes darstellt, ist das gemeinsame Spiel gut geeignet, um eine enge Bindung aufzubauen.

Ich hab's!

Mit ein bisschen Übung sind Hunde genauso gut darin, Dinge mit der Schnauze zu fangen, wie wir mit den Händen. Dieser Hund musste hochspringen, um seine Schnauze in die richtige Position zu bringen und hat es geschafft – trotz der hohen Geschwindigkeit des Balls. Bei unerfahrenen Hunden ist es wichtig, dieses Spiel mit großen Bällen zu spielen, die nicht verschluckt werden können.

Drüber

Lebhafte Border Collies springen gern, wenn sie es einmal gelernt haben. Dieser Hund wird mit Agility und Obedience beschäftigt, was ihn im Alltag entspannt und ausgleicht. Hunde, die zu Hause unruhig sind, haben oft zu viel Energie. Sie wären angenehmere Zeitgenossen, wenn sie mehr durch Spiel und körperlicher Anstrengung beschäftigt werden würden.

WUSSTEN SIE?

- Spielzeug ist eine gute Ersatzbeute, die in langem Gras gesucht, verfolgt und gefangen werden kann und die sich auch für spielerisches Kämpfen eignet.
- Manche Hunde vergraben ihr Spielzeug, um es für später sicher aufzubewahren.

Mein Fußball-Kumpel

Der Körperbau dieses Bassetts lässt es nicht zu, so aktiv zu sein wie andere Hunde. Die kurzen Beine, der schwere Körper und die lose Haut machen es schwer, umherzuspringen und zu spielen. Ein bisschen Fußball mit seinem Freund zu spielen reicht völlig, um seine Energie abzubauen. Er genießt die Spannung der Jagd, auch wenn sie nur kurz ist.

Jäger und Aasfresser

Hunde in der freien Wildbahn haben drei Strategien, um an genügend Futter zu kommen. Sie können große Beutetiere im Rudel oder kleine Tiere allein jagen oder sie suchen nach übrig gelassenem Futter und Kadavern. Welche Möglichkeit sie nutzen hängt von der Umgebung ab, in der sie leben. Genetisch sind sie mit den Fähigkeiten für alle drei Varianten ausgestattet. Die Jagd ist die beste Möglichkeit, wenn genügend Beute vorhanden ist. Leben sie in der Umgebung von Menschen ist die Ernährung von Überresten vorteilhafter. Die meisten Haushunde bekommen ihr Futter ein bis zwei Mal am Tag von uns serviert und müssen es sich nie selbst besorgen. Wir denken deshalb oft, dass also kein Grund für sie bestehe zu jagen oder im Müll nach Fressbarem zu suchen und bestrafen sie für ihre Taten. Der Trieb, Futter zu besorgen, ist bei freilebenden Hunden sehr stark und solange unsere Hunde das Erbgut ihrer Vorfahren in sich tragen, werden sie weiterhin auch sämtliche Instinkte haben, die es ihren Vorfahren ermöglichte, an genug Futter zu kommen.

Rück ein Stück!

Für eine erfolgreiche Jagd ist es günstig, wenn das Beutetier den Jäger erst im allerletzten Moment entdeckt. Das kann für ein stark riechendes Tier wie den Wolf schwierig sein. Daher ist es klug, sich in der Wolke einer stinkenden Substanz in der Umgebung zu „verstecken". Diese Hündin hat den stark riechenden Kot eines Fuchses entdeckt und wälzt sich darin, um Schulter und Rückengegend zu parfümieren. Das scheint ihr jede Menge Spaß zu bereiten. Sie macht so lange weiter, bis sie die Aufmerksamkeit eines anderen Hundes auf sich zieht, der gleich vorbeikommt, um mitzumachen.

Ich mach mit!

Der Weimaraner hat den Spaß beobachtet und ist gekommen, um mitzumachen. Er rollt sich auch auf den Rücken, um etwas von dem exotischen Parfum abzubekommen. Für menschliche Nasen riecht es widerwärtig und meist folgt diesem Verhalten zu Hause ein Bad. Wieder appetitlich riechend, ist das Bedürfnis, sich beim nächsten Ausflug in einem strengen Geruch zu wälzen, besonders stark.

Aha, Essen!

Hunde haben keine Hemmungen, bei jeder Gelegenheit, die sich ihnen bietet, zu fressen. Menschen schätzen das Stehlen nicht besonders und versuchen, ihren Hunden so etwas wie ein schlechtes Gewissen zu vermitteln, wenn sie sie dabei erwischen. Allerdings hat ein Hund, der Futter klaut, prinzipiell bessere Überlebenschancen in einer Welt, in der man nie weiß, wann es die nächste Mahlzeit gibt. Menschen kämpfen also gegen einen uralten Überlebenstrieb.

Futter verteidigen

In freier Wildbahn besteht oft große Nahrungskonkurrenz. Hat ein Hund etwas Fressbares ergattert, ist es wichtig, es auch zu behalten. Verliert er es, bleibt er hungrig, daher ist der Verteidigungswille sehr groß. Auch das Erlangen von Besitz hat höchste Priorität. Kleine Hunde stehlen sogar Futter von viel größeren, stärkeren oder höher im Rang stehenden Artgenossen.

Bleib von meinem Knochen weg!

Dieser große Knochen ist für die kleine Hündin, die sonst Diätfutter bekommt, eine tolle Sache. Sie ist sich sehr sicher, den Knochen erfolgreich verteidigen zu können, da sie solche Konfrontationen schon erlebt hat. Ihr ganzer Körper ist angespannt, sie ist bereit zuzubeißen. Ihre Lippen sind nach hinten gezogen und sie knurrt tief und grollend.

Versuch's gar nicht erst!

Einen Kauknochen so zu bewachen, dass er von anderen nicht geklaut wird, ist für diese Ridgeback-Hündin leicht. Sie hat eine Menge Konfrontationen mit ihrem Gegner hinter sich und hat dabei immer gewonnen. Alles, was notwendig ist, um ihn in Schach zu halten, ist ein starrer Blick und das Präsentieren der Zähne. Im Wissen, dass sie gewinnt, schützt sie den Kauknochen nicht mit ihrem Kopf und Körper.

WUSSTEN SIE?

- Obwohl sie genug zu fressen bekommen, verteidigen viele Hunde ihre Kauknochen, Leckerlies oder sogar das reguläre Futter.
- Besitzergreifendes Verhalten beginnt oft schon, wenn Welpen darum kämpfen, genug zu fressen zu bekommen, oder andere wichtige Ressourcen verteidigen.
- Um dies zu vermeiden, müssen Hunde lernen, dass Hände geben und nicht nehmen. Wenn sie dies von klein an lernen, haben sie nicht das Gefühl, uns von dem fernhalten zu müssen, was sie haben.

Ich bring ihn in Sicherheit

Der große Hund ist deutlich stärker als die beiden kleinen, aber trotzdem macht er sich Sorgen, dass sie seinen Knochen stehlen könnten. Die drei leben in einem friedlichen Rudel, und anstatt eine Konfrontation zu riskieren, beschließt der große Hund, den Knochen an einen sicheren Ort zu bringen, bevor er mit dem Kauen beginnt. Es ist für Hunde sicherer, diese Option zu wählen, als schon früh Aggression zur Verteidigung einzusetzen.

Vorräte für schlechte Zeiten

In der Wildnis gibt es nicht immer ausreichend Futter. Gelegentlich ist aber zu viel da, um auf einmal gefressen zu werden – was übrig ist, muss klugerweise für magere Zeiten versteckt werden. Überschüssige Beute zu verstecken, ist in einer unsicheren Welt sinnvoll, da sie später wieder ausgegraben und gefressen werden kann. Hunde haben einen leistungsfähigen Verdauungstrakt mit starken Enzymen, der auch mit verdorbenem Fleisch zurechtkommt. Sie können es fressen, ohne krank zu werden.

Ich heb ihn für später auf

Der Hund kann diesen großen Knochen nicht auf einmal fressen. Im Moment hat er genug, deshalb möchte er ihn für später verstecken. Der Trieb, Futter nach Hause zu tragen, um es zu horten oder an die Welpen zu verfüttern, anstatt es selbst zu fressen, wird bei Retrievern und anderen Jagdhunden gezielt gefördert und jagdlich genutzt.

Wo hab ich nur den Knochen gelassen?

Manche Hunde scheinen genau zu wissen, wo sie ihre Knochen vergraben haben, andere nicht. Liegt der Knochen nicht allzu tief, kann der Hund ihn mit seinem feinen Geruchssinn finden. Hunde haben das Bedürfnis, ab und zu nach ihren Schätzen zu sehen, auch wenn die Testgrabungen im Blumenbeet auf wenig Begeisterung stoßen.

Ich komm und hol dich

Ihr Hund kann auch aus anderen Gründen graben. Diese Hündin gräbt in der weichen Erde eines Maulwurfhügels. Hat sie einen der Maulwurfsgänge erreicht, hält sie inne und schnüffelt intensiv, in der Hoffnung, den Duft ihrer Beute zu erhaschen. Sie weiß nicht, dass der Maulwurf durch seine Tunnel viel schneller flüchten kann, als sie zu graben vermag.

Wassertreten

Um Hasen, Füchse und andere kleinere Tiere, die in Höhlen leben, jagen zu können, wurden einige Terrierrassen klein und zu guten Gräbern gezüchtet. Dieser Hund hat Terrierblut in sich. Er „gräbt" gern im Wasser. Dabei werden Wassertropfen hochgeschleudert, die das Spiel noch lustiger machen, wenn er versucht, sie zu fangen.

WUSSTEN SIE?

- Hunde ziehen es vor, überschüssiges Futter allein zu verstecken. Werden sie dabei gestört, tragen sie es an einen anderen Ort.
- Das Bedürfnis, Futter zu verstecken, ist groß. Ist keine Erde vorhanden, versuchen sie sogar, mit der Nase imaginäre Erde über das Futter zu schieben, selbst wenn es sich dabei um den Gehsteig oder den Teppich handelt.
- Ist kein Futter vorhanden, werden oft Spielzeug oder Kauartikel als Ersatz versteckt.

Ein kleines Nickerchen machen

Hunde haben es gern gemütlich wenn sie schlafen und suchen nach einem sicheren, gut temperierten Plätzchen. Sie verbringen viel Zeit mit schlafen, vor allem, wenn sie älter werden. Sie schlafen aber nicht unbedingt die ganze Nacht durch, wie häufig angenommen wird. Daher ist es sinnvoll, Welpen oder jungen Hunden etwas zur Beschäftigung vorzubereiten, falls sie aufwachen, denn das kann den Schlaf der zweibeinigen Hausbewohner sichern.

Ich sollte nicht auf dem Sofa liegen ...

Sofas mit ihren kuscheligen Polstern sind großartige Plätze zum Ausruhen. Besitzer haben aber häufig andere Vorstellungen vom Schlafplatz des Hundes und verjagen ihn. Diese Hündin darf eigentlich nicht auf's Sofa. Man sieht ihr an, dass sie jeden Moment erwartet, vertrieben zu werden.

WUSSTEN SIE?

- Viele Hunde schlafen gern unter dem Tisch, dem Bett oder hinter dem Sofa. Vermutlich hat dieses Bedürfnis seinen Ursprung darin, dass Welpen in Höhlen aufgezogen und diese als sichere Plätze angesehen werden.

Ich mach's mir gemütlich

Dieser Hund möchte sich zum Schlafen gemütlich betten, aber das geht nicht, solange die Schlafunterlage noch hochsteht. Viele Hunde drehen sich mehrfach um die eigene Achse bevor sie sich hinlegen, um die Unterlage zu glätten.

Ich wünschte, diese Decke wäre glatt

Der Versuch hätte gut funktioniert, wäre die Unterlage trockenes Gras oder Erde, und nicht eine weiche Decke, die wir unseren Hunden zum Schlafen geben. Ist das Plätzchen noch immer nicht gemütlich genug, muss mit einigen Scharrbewegungen der Vorderpfoten nachgeholfen werden. Dieses instinktive Verhalten wird sogar bei etwas Unbeweglichem wie einem Teppichboden ausgelebt.

Endlich bequem!

Letztendlich legt er sich hin, aber er ist noch nicht entspannt genug, um zu schlafen, und hält die Augen offen, falls etwas Interessanteres passiert.

Cool bleiben

Die richtige Körpertemperatur ist für alle Säugetiere äußerst wichtig. Temperatursensoren im ganzen Körper melden dem Hund, wann er überhitzt ist oder auskühlt, denn in diesen Fällen muss er etwas unternehmen. Hunde mögen es ebenso wie wir, sich in der Sonne zu wärmen oder zum Abkühlen schattige Plätze aufzusuchen. Überhitzung oder Unterkühlung kann dem Körper sehr schaden, die Vermeidung dieser Probleme hat hohe Priorität.

Hier ist es kühl

Ein schwarzes Fell zu haben bedeutet, dass einem in der Sonne schneller warm wird. Dieser Hund hat den Schatten eines Baums zum Abkühlen aufgesucht. Täte er das nicht, würde seine Körpertemperatur rapide ansteigen, was an sehr heißen Tagen gefährlich werden kann. Inaktivität verhindert ebenfalls, dass sich die Körpertemperatur erhöht. Hunde werden daher an warmen Tagen träger.

WUSSTEN SIE?

- Hunde haben keine Schweißdrüsen am Körper (außer einigen an ihren Pfoten), sie schwitzen also nicht. Sie kühlen sich, indem sie Luft schnell über ihre Zunge strömen lassen – das Hecheln. Die Blutgefäße auf der Zunge sind erweitert. Deshalb hat sie eine intensive rosa Färbung. Der auf der Zunge verdunstende Speichel trägt ebenfalls zur Kühlung bei.
- Je weiter die Zunge aus dem Maul hängt, desto wärmer ist dem Hund.
- Das Stresshecheln hingegen ist etwas schneller als das Hecheln zum Abkühlen und die Zunge hängt nicht so weit aus der Schnauze.

Nette Brise hier

Für langhaarige Hunde ist es besonders schwierig, sich kühl zu halten. Viele Rassen, die in kälteren Regionen gezüchtet wurden, haben ein besonders langes, dichtes Fell. Diese Rassen werden heutzutage weltweit gehalten und leben oft in viel wärmeren Ländern.
Hunde, denen warm ist, liegen oft in Durchgängen, wo der Luftstrom ihnen hilft, sich zu kühlen. Außerdem kann man von der Warte aus seine Rudelmitglieder im Auge behalten und ist über alle Bewegungen im Haus informiert.

Gemütlich und warm

Wintergärten sind im Winter ein idealer Platz, um einige wärmende Sonnenstrahlen zu erhaschen. Unterkühlung ist ebenso schlecht wie Überhitzung, da dem Körper Energie entzogen wird, um Wärme zu erzeugen. Warme Schlafplätze zu finden ist eine wichtige Überlebensstrategie. Hunde genießen es, sich in der Sonne auszustrecken, aber auch sie sind an exponierten Hautstellen anfällig für Sonnenbrand, vor allem, wenn sie weißes Fell haben.

Paarung & Nachwuchs

Der Drang sich fortzupflanzen und die Gene an die nächste Generation weiterzugeben ist bei Hunden naturgemäß stark. Sowohl Hündinnen als auch Rüden sind sehr daran interessiert, zur richtigen Zeit zusammenzukommen. Hündinnen werden zwei Mal im Jahr läufig. Während dieser Zeit versuchen beide, Rüde und Hündin, mit allen Mitteln zur Paarung zusammenzukommen, um die nächste Generation von Welpen zu sichen. Das ist einer der Gründe, warum es zu viele Welpen gibt, um jeden in gute Hände abgeben zu können. Die Entscheidung, das eigene Tier kastrieren zu lassen, trägt dazu bei, dass nicht noch mehr ungewollte Welpen zur Welt kommen. Des weiteren kann man damit unerwünschtem und unangenehmem Verhalten im Zusammenhang mit dem Fortpflanzungstrieb vorbeugen.

Dieser Zaun hält mich nicht auf!

Rüden sind nur sehr schwer zu halten, wenn sich eine läufige Hündin in der Nähe befindet. Zu ihr zu kommen ist das Allerwichtigste, dafür riskieren sie Kopf und Kragen. Über hohe Zäune zu springen gehört dazu, die starke Motivation gibt ihnen den nötigen Antrieb. Hunde, die nicht weg können, verweigern oft ihr Futter, bewegen sich kaum und winseln frustriert. Dieser junge Rüde hat kräftige Beine und kann das Hindernis leicht aus dem Stand überwinden. Eine mögliche Lösung dieses Problems ist die Kastration, die sowohl die Motivation auszubrechen als auch den Frust verschwinden lässt. Sie ist aber keine Lösung, wenn andere Gründe, wie beispielsweise Langeweile, hinter den Ausbruchsversuchen stecken.

WUSSTEN SIE?

▸ Am Höhepunkt der Empfänglichkeit, die einige Tage dauert, sind Hündinnen ebenso daran interessiert, zu einem Rüden zu gelangen wie umgekehrt. Sie versuchen mit allen Mitteln, ihr Ziel zu erreichen. Durch eine Kastration der Hündin, die nur außerhalb der Läufigkeit durchgeführt werden darf, wird verhindert, dass ungewollte Welpen zur Welt kommen.

Ich muss zu ihr

Der Zaun ist für diesen Hund kein Hindernis, er zwängt sich einfach durch einen Spalt hindurch. Für kleine Hunde ist der Weg unten durch meist leichter als der darüber. Rüden können die Pheromone, die von läufigen Hündinnen produziert werden, über eine Distanz von fünf Kilometern riechen. Es ist also kein Wunder, dass eine Hündin in dieser Zeit viele Verehrer anzieht.

Ich bin gleich da

Unkastrierte Rüden überwinden lange Strecken auf der Suche nach paarungswilligen Weibchen. Der Drang zur Paarung ist stark. Gibt es in der Umgebung keine, so können sie sich auch weit von zu Hause entfernen. Werden sie unterwegs nicht irgendwie aufgehalten, kehren sie nach erfolgreich erfüllter Mission in einem erbärmlichen Zustand wieder zurück – ausgehungert, mit wund gelaufenen Pfoten und verfilztem Fell.

Möge der Beste gewinnen

Die Konkurrenz unter Rüden im selben Territorium ist groß. Jeder möchte den anderen übertreffen, um derjenige zu sein, der sich mit dem Weibchen paaren darf. Lange bevor sie sich von Angesicht zu Angesicht gegenüberstehen, nehmen die Rivalen einander über ihre Geruchsnachrichten wahr. Die Duftmarken sollen den jeweils anderen Hund davon überzeugen, dass er eigentlich kleiner und schwächer ist und keine Chancen hat.

Das ist meine Nachricht

Dieser Rüde hebt sein Bein, um seinen Harnstrahl so hoch wie möglich zu platzieren, damit die anderen ihn leicht riechen können. Hunde setzen beim Markieren ihres Reviers jeweils nur wenig Harn ab, um möglichst viele Stellen markieren zu können. Besitzer stört es oft, so häufig anhalten zu müssen, um ihrem Rüden dies zu ermöglichen. Besonders hervorstechende Objekte entlang der Route werden markiert, nachdem der Hund diese ausgiebig auf Nachrichten anderer Hunde beschnüffelt hat.

Wer ist hier vorbeigekommen?

Chemische Stoffe im Urin sagen dem Hund, wann ein anderer vorbeigelaufen ist, sowie dessen Alter und Geschlecht. Ist der Geruch interessant und er möchte mehr Informationen, bedient er sich eines speziellen Geruchs-/Geschmacksorgans, das sich am Gaumen seiner Schnauze befindet. Dabei öffnet er die Schnauze ein wenig und klappert mit den Zähnen.

Na, dem werde ich's zeigen ...

Dieser Rüde hat den Geruch eines Rivalen mit seinem Harn überdeckt und scharrt nun mit den Vorderpfoten, um seinen eigenen Geruch durch die Drüsen zwischen den Ballen zu verstärken. Dies ist auch visuell ein starkes Zeichen der Herausforderung und wird eingesetzt, um Rivalen davor zu warnen, sich mit ihm anzulegen.

WUSSTEN SIE?

- Der Konkurrenzkampf um das Recht sich fortzupflanzen beginnt in der Pubertät ungefähr im Alter von 6–7 Monaten.
- Bei Jungrüden ist der Hormonspiegel wesentlich höher als bei den erwachsenen, weshalb „Halbstarke" besonders gern konkurrieren.

... wie groß und stark ich bin

Beim Scharren hochgeworfenes Gras unterstreicht die Machtdemonstration. Der Hund trägt den Schwanz selbstbewusst hoch und hat die Schnauze vor Aufregung geöffnet. Wäre ein anderer Hund anwesend, würde er versuchen, Blickkontakt zu halten, während er diese Geste der Macht und Drohung setzt. Kastrierte Hunde versuchen manchmal auf diese Weise, andere Hunde auf Distanz zu halten. Dies ist jedoch ein Zeichen für das Fehlen von sozialen Kompetenzen gegenüber unbekannten Hunden.

Wenn sich Rivalen begegnen

Kommen rivalisierende Hunde miteinander in Kontakt, sind die Begegnungen mit einer Vielzahl an Gesten und Posen verbunden, die dazu dienen, den Stärksten zu ermitteln. Es kann bei Posen bleiben, ein grobes Spiel werden oder sogar in einen Kampf übergehen, wenn beide Hunde ähnlich stark sind und keiner klein beigibt. Ernsthafte Kämpfe enden oft mit Verletzungen – ein angemessener Preis, sichert sich der Gewinner doch das Recht auf Fortpflanzung.

Ich bin hier die Nummer eins

Der schwarze Hund hat sich groß gemacht, seinen Schwanz aufgestellt und fordert den Border Collie mit direktem Blickkontakt heraus. Dieser ist erstarrt, hält den Blickkontakt und hebt seinen Schwanz, wenn auch nicht zur vollen Höhe. Der schwarze Hund scheint im Moment die Überhand zu haben, der Collie muss entscheiden, ob er die Herausforderung annimmt oder sich unterordnet.

Ich bin größer als du

Der Weimaraner weiß, wie groß und kräftig er ist und versucht, dem schwarzen Hund durch ritualisiertes Aufreiten zu zeigen, dass er der Überlegene ist. Dies ist ein rüdes Verhalten, das von den jeweils betroffenen Hunden nicht sehr geschätzt wird. Der Weimaraner ist jung und aktiv, aber nicht ausgereift. Er hat diese Aktion anderen Kommunikationsgesten vorgezogen. Der schwarze Hund hat seinen Kopf gedreht und bleckt die Zähne zur Verteidigung.

Oh nein, so nicht

Der schwarze Hund hat die Kontrolle wieder erlangt und zeigt dem Weimaraner mit gebleckten Zähnen, dass er es ernst meint. Sein Selbstvertrauen ist etwas gedämpfter als beim Collie, er hat sich kleiner gemacht und trägt den Schwanz niedriger. Der Weimaraner öffnet sein Maul in einer Beiß-Geste, wendet aber den Kopf ab und signalisiert dadurch, dass er den Kampf nicht ernsthaft werden lassen möchte. Die Vorteile des schwarzen Hundes sind Selbstvertrauen und Erfahrung, während der Weimaraner jung, überschwänglich und körperlich stark ist.

WUSSTEN SIE?

▸ Die Weitergabe der Gene an die nächste Generation ist eine so wichtige Sache, dass Kämpfe ernsthafte Verletzungen nach sich ziehen können, wenn sie nicht unterbrochen werden. Die Kämpfe sind heftiger, wenn sich eine läufige Hündin in der Nähe befindet, da in diesem Fall die Motivation stärker ist.

Während du beschäftigt bist ...

Während der Weimaraner damit beschäftigt ist, den anderen Hund am Boden zu halten, nutzt der braune Hund die Gelegenheit, um aufzureiten. Auch er ist jung und unerfahren. Beflügelt von der Konkurrenz, nutzt er seine Chance, um den Hund, von dem er meint, er sei vermutlich der Stärkste, zu übertreffen.

Welpen erfolgreich großziehen

Der Grund für die Rivalitäten der Rüden ist das Recht, sich mit läufigen Hündinnen des Territoriums paaren zu können. Die daraus hervorgehenden Welpen werden hauptsächlich von der Hündin versorgt, bis sie alt genug sind, sich dem Rudel anzuschließen. Das mütterliche Verhalten ist angeboren, aber die Hündin verbessert ihre Fähigkeiten mit zunehmender Erfahrung. Das Durchbeißen der Nabelschnur nach der Geburt, das Säugen und Saubermachen der Welpen sind angeborene Verhaltensweisen, die nicht erlernt werden müssen, jedoch wird die Hündin von Wurf zu Wurf geübter.

Ist das jetzt klar?

Dieser Ridgeback zeigt die klassische Pose eines Rüden, der sich mit einer Hündin paart. Allerdings ist es eine Hündin, die durch ihr Verhalten der anderen Hündin ihren Status durch das Aufreiten klar macht. Die dominante Geste ist eine weniger aggressive Möglichkeit zur Sicherung der Vorherrschaft, als Kämpfen. Die Ridgeback-Hündin tut dies immer, wenn die Springer Spaniel-Hündin sich Freiheiten herausnimmt, die ihr nicht zustehen. Die Maßregelung reicht dem Spaniel wieder für einige Zeit und unterstreicht die Rolle des Ridgebacks als Rudelführer.

WUSSTEN SIE?

- Gerüche spielen eine wichtige Rolle für die Mutter, z. B. beim Wiedererkennen der Welpen.
- Welpen werden manchmal von der Hündin abgelehnt, wenn sie durch einen Kaiserschnitt zur Welt kommen und der aus der Narkose erwachten Hündin schon gesäubert gebracht werden.
- Welpen können auch abgelehnt werden, wenn sie zu früh von unbekannten Menschen berührt werden und deshalb beim Zurückgeben nicht mehr vertraut riechen.

Ich leck dich sauber

Die Hündin leckt den Bauch der Welpen, um den Harn- und Kotabsatz zu stimulieren. Solange die Welpen das Lager noch nicht verlassen können, um sich zu entleeren, tut sie das nach jeder Mahlzeit. Sie schluckt die Stoffwechselprodukte, um das Lager sauber zu halten. So wird das Nest saubergehalten, Erkrankungen vorgebeugt und es werden keine Feinde angelockt.

Hast du Futter?

Wölfe tragen das Futter in ihren Mägen nach Hause und würgen es für die Welpen wieder hervor. Auslöser ist das Lecken der Lefzen. Welpen lecken instinktiv die Mundwinkel von erwachsenen Hunden, obwohl Haushunde nur selten Futter hervorwürgen. Welpen zeigen dieses Verhalten auch Menschen gegenüber. Sie springen hoch, um unser Gesicht zu erreichen. Wird er dafür belohnt, lernt der Welpe die Unart des Hochspringens von frühesten Tagen an.

Sicher leben

Hunde sind mit kräftigen Zähnen in mächtigen Kiefern ausgerüstet, die schlimme Verletzungen anrichten können. Um friedlich miteinander leben zu können, haben sie eine Körpersprache entwickelt, mit der sie Absichten und Gefühle ausdrücken. Sie setzen diese Signale auch uns gegenüber ein. Wir ignorieren sie aber häufig, verstehen sie nicht oder, noch schlimmer, interpretieren sie falsch.

Was willst du von mir?

Gähnen ist eines der ersten Zeichen, dass sich der Hund in einer Situation nicht wohl fühlt. Er kann im Konflikt mit sich selbst sein, ob er nun weggehen soll oder nicht, oder er zeigt Ihnen, dass er unsicher ist. Hunde gähnen häufig, wenn Menschen sie anstarren und dabei rufen. Die Menschen meinen oftmals, der Hund sei müde oder er ignoriere ihr Kommando einfach.

Ich fühl mich unsicher

Hunde lassen die Zunge vorschnellen, wenn sie sich unwohl fühlen oder verwirrt sind. Sie lecken entweder ihre Nase oder lassen die Zunge nur aus dem Maul schnellen. Diese Hündin ist nicht so entspannt, wie es auf den ersten Blick aussieht. Sie hat sich auf den Rücken gedreht und zeigt beschwichtigend ihren Bauch, aber die Zunge verrät ihre Beunruhigung.

Ich mag das nicht

Der starre Blick der Person ängstigt diesen Hund. Die großen Pupillen und die nach hinten gezogenen Augenlider und Ohren drücken seine Verwirrung aus. Er schielt aus dem Augenwinkel zu ihr, denn sie direkt anzusehen, könnte als Bedrohung aufgefasst werden. Er trägt den Schwanz tief und sein Körper ist angespannt.

Vielleicht merkt sie es jetzt

Langsam und bedächtig dreht er ihr den Rücken zu und sieht in die andere Richtung. Sein Schwanz ist eingezogen. Er ist noch angespannt, aber der akute Druck durch das Anstarren ist weg. Hunde verhalten sich oft so, wenn sie eine Situation entschärfen möchten, in der sie sich unwohl fühlen, die Gefahr einer Attacke aber nicht allzu hoch ist.

WUSSTEN SIE?

▸ Hunde haben zahlreiche Beschwichtigungsstrategien. Zu ihnen gehören:
- gähnen,
- den Blick abwenden,
- die Lippen lecken,
- den Kopf abwenden,
- am Boden schnüffeln oder etwas anderes unverfängliches tun,
- Spielaufforderungspose einnehmen,
- hinsetzen,
- mit dem Rücken zum Menschen hinsetzen,
- langsam weggehen,
- sich in einem großen Bogen annähern anstatt direkt hinzulaufen. Dies wird als weniger aggressiv beurteilt.

Kämpfe vermeiden

Werden Hunde bedroht, können sie auf aggressive Weise versuchen, sich selbst zu schützen. Normalerweise ist es jedoch das letzte Mittel, wenn alles andere versagt. Vorher wägen sie sorgfältig ihre Chancen ab. Denn wenn die aggressive Variante versagt, ihr Rivale sich nicht unterwirft und sie den Kampf verlieren, riskieren sie es, verletzt oder getötet zu werden. Daher versuchen die meisten Hunde eine ganze Reihe an Taktiken, bevor sie Gewalt anwenden. Abhängig von der Erfahrung des Hundes reichen diese von komplizierter Körpersprache bis zu Strategien um Ärger zu vermeiden, wie Ignorieren des Problems, sich entfernen oder Konzentration auf andere Dinge. Nur wenn diese Versuche scheitern, die Bedrohung zu plötzlich kommt oder sie merken, dass diese Strategien nichts nützen, kommt aggressives Verhalten zur Anwendung.

Beiß mich nicht!

Die Boxer-Hündin ist sich über die Absichten des anderen Hundes nicht sicher, denn sie kennt sich mit der Körpersprache nicht gut aus. Sie hat sich zur Seite gedreht. Die beiden Hunde sind nun in der T-Stellung und sie demonstriert damit Stärke. So ist ihr hinteres Ende nicht verfügbar und sie sind auch nicht Kopf an Kopf. Um das Konfliktrisiko zu verringern hat sie den Kopf weggedreht.

Muss mich beruhigen

Die Hündin ist nach dem vermiedenem Kampf unsicher was sie als nächstes tun soll. Trinken ist, wie Schnüffeln an Grasbüscheln oder andere harmlose Aktionen, eine „sichere“ Tätigkeit, die die Interaktion mit dem anderen Hund unterbricht. Die Haare entlang des Rückens und des Halses sind als Zeichen der Aufregung so lange leicht gesträubt, bis sie sich beruhigt hat.

Ich geh lieber

Der selbstbewusste braune Hund zeigt seine Konfrontationsbereitschaft durch Vorwärtsgehen und den erhobenen Schwanz. Der andere Hund will keinen Streit, also senkt er seinen Schwanz, legt die Ohren an, als hätte er Angst, und geht langsam weg. Zu schnelles Weggehen könnte eine Auseinandersetzung provozieren. In dieser Position ist sein Hinterteil verletzbar, daher dreht er den Kopf, um die Bewegungen des anderen Hundes zu verfolgen. Der besonders hoch getragene Schwanz und die über der Schulter aufgestellten Haare verraten Selbstbewusstsein des braunen Hundes.

Hoffentlich folgt er mir nicht

Dieser Hund ist von einem großen, kräftigen Hund hinter sich eingeschüchtert. Er bewegt sich langsam, in der Hoffnung, keine Attacke auszulösen. Da er alt und unbeweglich ist, kann er seinen Kopf nicht sehr weit drehen, um den anderen Hund im Blickfeld zu behalten. Darum verdreht er seine Augen so weit wie möglich.

WUSSTEN SIE?

- Wie gut ein Hund mit anderen umgehen kann, hängt davon ab, wie viele positive Begegnungen er als Welpe mit anderen Hunden hatte.
- Gut sozialisierte Hunde lösen heikle Situationen und werden kaum in Kämpfe verwickelt.
- Schlecht sozialisierte Hunde lesen die Signale der anderen nicht und haben selbst Probleme, klare Signale zu senden. Daher sind sie oft in Kämpfe verwickelt.

Angst

Hunde, die Angst haben, zeigen das sehr deutlich. Wenn man weiß, worauf man achten muss, können noch stärkere Verängstigung und eventuelle Selbstverteidigungsbisse vermieden werden. Manche Hunde verstecken ihre Angst hinter vorgetäuschtem Mut, haben aber ebenso viel Angst wie solche, die davonlaufen. Hunde zeigen oft viele verschiedene Einzelsignale bei unterschiedlichen Emotionen. Durch das Beobachten von Schwanz, Augen und Körper können die einzelnen Signale aufgeschlüsselt werden. Zu einem Gesamtbild zusammengesetzt, bekommt man eine Ahnung, was in ihm vorgeht.

Oh Schreck!

Diese Hündin hat vor etwas Angst und bereitet sich auf einen Rückzug vor. Ihr Schwanz ist zwischen den Hinterbeinen eingeklemmt und die Ohren sind zurückgelegt, um im Kampf nicht verletzt zu werden. Ihre Augen sind auf das fixiert, was ihr Angst macht, für den Fall einer schnellen Flucht. Sie sind weit geöffnet, um möglichst viele Informationen zu bekommen. Ihr Herz schlägt schnell, ihr Körper bereitet sich darauf vor, entweder zu fliehen oder notfalls zu kämpfen.

Ich bin verunsichert

Der Befehl, sich in einer Stresssituation hinzulegen, hat diesen Hund beunruhigt. Die verletzliche Position, die es ihm viel schwerer macht zu fliehen, verstärkt seine Unsicherheit. Er hechelt deutlich, seine Ohren sind angelegt und die Augen weit geöffnet.

WUSSTEN SIE?

▸ Was die Körpersprache Ihres Hundes aussagt:
– Angelegte Ohren: Er hat Angst oder ist unterwürfig.
– Ohren nach vorn gerichtet: Er ist selbstbewusst oder interessiert.
– Aufgerissene Augen: Er hat Angst.
– Geöffneter Schnauze und schnelles Hecheln: Er hat Angst.
– Gesenkter Schwanz: Er hat Angst oder ist unterwürfig.
– Hoch getragener Schwanz: Er ist selbstbewusst.
– Wedelnder Schwanz: Er ist aufgeregt.

Komm nicht näher!

Das ist das Gesicht von Angst und defensiver Aggression. Die Ohren sind zurückgelegt, der Schnauze ängstlich geöffnet. Die Lefzen hochgezogen, um die Zähne zu zeigen und der Kopf ist erhoben – bereit zum Zubeißen. Die Augen fixieren den Gegner, sodass, falls nötig, weitere aggressive Handlungen eingesetzt werden können. Dieser Ausdruck wird von Gebell begleitet, das den Aggressor vertreiben und so einen gefährlichen Kampf vermeiden soll.

Ich hab Angst

Ein sicherer Platz ist wichtig, wenn man Angst hat. Dieser Hund hat das Areal abgesucht, aber es gibt keine Deckung. Er steht wie ein Häufchen Elend da, wartend, dass sich eine Möglichkeit auftut. Seine Augen und Ohren sind in Alarmbereitschaft, falls etwas auftaucht, vor dem er weglaufen muss.

Sicherheits-Strategien

Sicher zu leben ist in der freien Wildbahn, wo niemand da ist, um einen zu retten, von oberster Priorität. Wird ein Hund bedroht, hat er vier Möglichkeiten, um mit dem Problem zurechtzukommen: Flucht, Kampf, Erstarren oder Beschwichtigen. Hunde können während einer Situation blitzschnell zwischen den verschiedenen Strategien wechseln, abhängig vom Erfolg der gewählten Variante und von der Größe der Bedrohung.

Wenn ich ganz ruhig bleibe, geht alles gut

Manche Hunde erstarren und hoffen, dass der potenzielle Angreifer seiner Wege geht. Sie beobachten für gewöhnlich alles sehr sorgfältig und bewegen sich ganz langsam davon oder werden aggressiv, wenn die Bedrohung zu nahe kommt. Diese Hündin wird von zwei anderen beschnüffelt, sie kann nicht weg und hat ihren Kopf verunsichert zur Seite gedreht.

Ich bleib hier

Diese Spaniel-Hündin hat ihre ersten vier Lebensjahre in einem Schuppen verbracht. Daher hat sie Angst vor der neuen Umgebung und vor Menschen. Sie weiß nicht, wohin sie sich in Sicherheit bringen soll und ist nicht selbstbewusst genug, um aggressiv zu sein. So verharrt sie am Fleck und hofft, dass man sie in Ruhe lässt. Käme ihr jemand zu nahe, würde sie davonlaufen.

Lass uns herumalbern!

Der Terrier will mit steifer Körperhaltung, erhobenen Schwanz und starrem Blick weiteren Kontakt vermeiden. Die andere Hündin fühlt sich bedroht und versucht mit einem Beschwichtigungssignal, den Terrier freundlich zu stimmen. Dazu nimmt sie eine Spielaufforderungspose ein, aber nur kurz, um nicht zu lange in einer ungeschützten Position zu verharren. Sie ist unsicher, wie ihre zurückgelegten Ohren, die weit geöffnete Schnauze und die leckende Zunge zeigen. Zugleich fixiert sie den anderen Hund, falls sie ihre Strategie schnell ändern muss.

WUSSTEN SIE?

- Hunde können aus Situationen, in denen sie sich bedrängt fühlen, als einzigen Ausweg den Kampf sehen. Sie sollten ihren Hund genau auf Stresssignale hin beobachten und ihn frühzeitig aus bedrängenden Situationen herausholen.

Ich bin nur ein kleiner Welpe

Die Beschwichtigungssignale dieses Welpen sind durchmischt mit Signalen der Angst. Er hat sich klein gemacht, der tief getragene Schwanz wedelt langsam beschwichtigend, seine Schultern sind jedoch weiter oben. Er fixiert die Person, die auf ihn zukommt, falls er seine Strategie schnell ändern muss.

Das Territorium bewachen

Hunde mit genügend Selbstbewusstsein versuchen, sich einer Bedrohung zu stellen und sie zu verjagen, anstatt wegzulaufen oder zu erstarren. In der Regel geschieht dies an der Grenze des Territoriums, zum Beispiel am Zaun, an der Garten- oder Haustür, da der Hund dort die besten Chancen hat, erfolgreich zu sein. Dringt der Feind jedoch unbemerkt ein und er begegnet ihm erst innerhalb des Territoriums, so ist es sehr wahrscheinlich, dass sein Selbstvertrauen, mit der Situation zurechtzukommen, viel kleiner ist.

Bleib weg!

Dieser Dobermann scheint sich stark genug zu fühlen, Fremde von seinem Zwinger fernzuhalten. Er lehnt sich nach vorn und bellt angsteinflößend. Hätte er einen Schwanz, wäre dieser selbstbewusst aufgerichtet. Sein Maul ist klein, die Ohren sind nach vorn gerichtet. Hunde, die solch aggressives Verteidigungsverhalten zeigen, scheinen die Situation unter Kontrolle zu haben. Ein aussagekräftiges Zeichen sind die gesträubten Haare im Genick, die ihn größer erscheinen lassen sollen als er ist. Dieser Hund wurde mit Menschen kaum sozialisiert und hegt daher tiefes Misstrauen.

WUSSTEN SIE?

▸ Schutzhunde wie Rottweiler oder Dobermänner wurden so gezüchtet, dass sie weniger Angst zeigen als andere Rassen. Das macht es schwerer herauszufinden, was sie denken. In der Zucht wird viel Wert auf Selbstvertrauen gelegt. Das hat den Nebeneffekt, dass solche Hunde in einer gefährlichen Situation schneller bereit sind zu kämpfen.

Postboten-Schreck

Der Postbote ist das klassische Opfer von Hundeaggressionen. Der Grund dafür liegt darin, dass er immer um dieselbe Zeit kommt, etwas macht, das sonst niemand tut – wie beispielsweise Briefe in den Briefschlitz stecken – und weggeht, wenn der Hund bellt. Für den Hund ein Erfolgserlebnis, in seinen Augen vertreibt er den Postboten jeden Tag. So ist die Wahrscheinlichkeit, dass er noch aggressiver wird, wenn die Tür einmal offen steht, recht hoch. Diese Hündin möchte den Eindringling vertreiben, allerdings ist ihr Selbstvertrauen nicht sehr groß, wie man an dem abgesenkten Schwanz erkennen kann.

Bleib draußen!

Rottweiler wurden speziell als Schutzhunde gezüchtet und haben genug Selbstvertrauen, um auf sich und ihr Territorium aufzupassen. Hunde, die gegenüber Menschen, die in ihr Revier eindringen, aggressiv sein sollen, müssen das Eindringen als Drohung sehen. Aus diesem Grund ist ein prinzipielles Misstrauen gegenüber Fremden für einen Schutzhund förderlich. Wenig Kontakt zu anderen Menschen während der Welpenzeit unterstützt dies noch. Dieser Hund meint es mit seiner aufrechten Haltung und dem starren Blickkontakt ernst. Er ist bis ans Ende des Seils gekommen, hat also das nötige Selbstvertrauen, um es mit dem Eindringling aufzunehmen. Der Speichel im Mundwinkel zeigt seine Erregung. Es wäre nicht klug, sich ihm jetzt zu nähern.

Risiken abwägen

Wenn ein Hund, beziehungsweise dessen Territorium, bedroht wird, muss er entscheiden, welche Verteidigungsstrategie er einsetzt. Er muss sehr sorgfältig die Chance auf einen Sieg gegen das Risiko verletzt zu werden abwägen. Während gefährlicher Begegnungen ist ein ständiges Abwägen des Risikos notwendig, damit die richtige Aktion zur richtigen Zeit eingesetzt werden kann. Diese Strategie hilft dem Hund, so geschützt wie möglich zu bleiben und gleichzeitig seine Chancen auf einen Sieg zu maximieren.

Komm nicht näher!

Dieser Hund spielt den Mutigen, als er eine Bedrohung seines Territoriums bemerkt. Er ist zum Tor gekommen und bellt. Die Ohren- und Schwanzhaltung verraten allerdings seine wahren Gefühle und sagen uns, dass er sich absolut nicht sicher ist. Seine Ohren sind zurückgeklappt, der Schwanz ist unten und sein Gewicht ist hauptsächlich auf die Hinterbeine verlagert, um, wenn nötig, schnell weglaufen zu können. Seine Lefzen sind, die Zähne verdeckend, heruntergezogen, um uns nicht noch mehr zu reizen. Sein warnendes Bellen soll vermutlich eher Verstärkung holen, als uns zu vertreiben.

Zeit für den Rückzug

Nachdem er beschlossen hat, dass er doch nicht in der Lage ist, die Stellung zu halten, zieht er sich auf sichere Distanz zurück. Er läuft schnell weg, damit wir ihn nicht einholen können. Wäre die Bedrohung größer gewesen, schneller näher gekommen, oder wäre das Tor zwischen uns nicht vorhanden gewesen, würde er noch schneller laufen und über die Schulter blickend die Situation überwachen, um seine Strategie eventuell zu ändern.

Hier fühle ich mich sicherer

Von einer sicheren Entfernung aus nimmt er die Verteidigung seines Reviers wieder auf. Er hat nun mehr Platz für Manöver, aber einmal zurückgetrieben, ist sein Selbstbewusstsein recht gering. Er bellt nicht mehr, beobachtet aber unsere Bewegungen, für den Fall, dass wir in sein Revier eindringen. Hunde, die wie dieser wenig Selbstvertrauen haben, verlassen sich in Sachen Sicherheit auf ihren Rudelführer und können sich allein gelassen sehr verletzbar fühlen. Von ihnen geht wenig Gefahr aus, dass sie jemanden beißen. Trotzdem ist es besser, Hunde als Welpen gut zu sozialisieren, damit sie sich nicht vor Menschen fürchten. Eine Kombination aus guter Sozialisierung und positiver, sicherer Umgebung bringen in der Regel Hunde hervor, die Fremden gegenüber freundlich sind.

WUSSTEN SIE?

- Alle Hunde können sich aggressiv verhalten, wenn die Bedrohung groß ist.
- Wie bedroht sich ein Hund fühlt, hängt davon ab, welche früheren Erfahrungen er in ähnlichen Situationen gemacht hat. Auch Begegnungen mit Menschen oder anderen Tieren, insbesondere während der Welpenzeit, haben einen großen Einfluss auf den Hund.
- Die Stärke der Aggression, die ein Hund zeigt, hängt davon ab,
  – wie groß die Bedrohung ist,
  – wie viel Selbstvertrauen er von seinen Eltern geerbt hat,
  – wie erfolgreich er in früheren kritischen Situationen war.

Hunde und Menschen

Hunde verstehen unsere Körpersprache nicht instinktiv, sondern müssen sie von klein auf lernen, um mit uns zurechtzukommen. So etwas Simples wie ein von uns freundlich gemeinter Blick, kann einen schlecht sozialisierten Hund verjagen. Die meisten Menschen wissen nicht genug darüber, wie Hunde die Welt sehen. Daher kommen Missverständnisse sehr häufig vor. Traurigerweise wird den Hunden häufig die Schuld daran gegeben, obwohl wir die weitaus intelligenteren Wesen sind. Hunde sind keine kleinen Menschen mit Fell. Zu einer besseren Verbindung zwischen Menschen und Hunden können wir nur kommen, wenn wir versuchen, herauszufinden wie man am besten mit ihnen kommuniziert.

Gefährlich oder ungefährlich?

Die beiden haben sich gerade getroffen und sind noch keine Freunde. Die Hündin ist gut sozialisiert und weiß, dass Blickkontakt freundlich gemeint sein kann. So erwidert sie den Blick und wartet, was die Person als Nächstes macht. Ein bisschen verwirrt ist sie schon, sichtbar an ihren Schwanz, auf dem sie sitzt, den zurückgelegten Ohren und an der weit nach hinten geöffneten Schnauze. Sie hechelt gestresst, und weiß nicht, was sie nun tun soll.

Bist du freundlich?

Dieser Hund ist mit Menschen gut sozialisiert und steckt die bedrohliche Annäherung weg. Der nach vorn gelehnte Körper und das intensive Ansehen wären für manch anderen Hund zu viel. Dieser aber scheint furchtlos zu sein, obwohl er sich ein bisschen nach hinten lehnt, was man an den Vorderbeinen sieht. Die beiden haben gerade gespielt, der Hund hat also keinen Grund zur Furcht. Bei längerer Beibehaltung dieser Position würde sich der Hund wahrscheinlich unwohl fühlen.

Wer bist du?

Da sie an Menschen gewöhnt ist, nimmt diese Hündin die eher ungeschickte Begrüßung des Mannes gut auf. Für weniger selbstbewusste Hunde wäre das Darüberbeugen und das nahe Gesicht zusammen mit den geöffneten Händen eine Bedrohung. Dieser Hündin ist die Begrüßung relativ egal, aber sie möchte mehr über den Menschen herausfinden, wie man an den aufgestellten Ohren und am Schnüffeln sehen kann. Der in einer neutralen Position gehaltene Schwanz zeigt, dass sie weder verwirrt, noch aufgeregt, noch fröhlich oder ängstlich ist.

WUSSTEN SIE?

- Hunde benutzen hauptsächlich Nase und Maul, um etwas über ihre Umgebung zu erfahren, wir Menschen hingegen Augen und Hände. Ein Minimum an Blick- und Handkontakt bei der Begrüßung hilft Hunden dabei, schneller Vertrauen aufzubauen.

Ich bin mir nicht sicher

Der Mann bleibt weiter vorgebeugt und greift nach der Hündin, um sie zu streicheln. Sie ist nun doch etwas verunsichert, wie man an den nach hinten gedrehten Ohren und der Rückwärtsbewegung ihrer Vorderfüße erkennen kann. Würde er sich niederknien, sich seitwärts drehen und wegsehen, würde sie sich vermutlich wohler fühlen und näher kommen.

Starr mich nicht an!

Hunde bedrohen einander durch Anstarren und lernen sehr schnell, jede Handlung einzustellen, wenn dies geschieht, um einen Angriff zu vermeiden. Menschen sehen ihre Hunde gern liebevoll an, daher müssen Hunde lernen, dass das Anstarren durch Menschen in Ordnung ist. Sie sind aber selten in der Lage, sich dessen wirklich sicher zu sein und zeigen eine Vielzahl an Zeichen des Unwohlseins, wenn sie angestarrt werden. Diese Zeichen werden aber meistens nicht von den Besitzern wahrgenommen.

Ich bin verunsichert

Das anhaltende Anstarren verunsichert diese Boxer-Hündin. Sie hat sich umgedreht und hingesetzt, fühlt sich aber mit dem sozialen Druck, dem sie ausgesetzt ist, nicht wohl. Ihre Schnauze ist weit nach hinten geöffnet und sie hechelt ein wenig gestresst. Sie hat ihre Ohren zurückgelegt und blickt geradeaus, um unbeteiligt zu wirken. Dass die Person sich vorgebeugt hat, damit sie näher ist und die Augen auf demselben Niveau mit den ihren sind, verstärkt ihr Unwohlsein.

WUSSTEN SIE?

- Verglichen mit Erwachsenen haben Kinder proportional größere Augen, sie starren öfter und die Augen liegen auch häufig auf derselben Höhe wie die der Hunde, was für schlecht sozialisierte Hunde angsteinflößend sein kann.
- Da Hunde nicht so gut sehen wie wir, nehmen sie ihre Umwelt viel mehr über Gerüche und Formen wahr.
- Hunde können Farben nicht so gut erkennen wie wir Menschen. Dafür sind ihre Augen besonders gut auf das Dämmerungssehen eingestellt.

Du kannst mich nicht sehen

Diese Hündin genießt es, bei einem Menschen zu sein, den sie gut kennt. Sie lehnt sich mit ihrem Körper an und wedelt zur Begrüßung mit dem Schwanz. Hunde, die mit Menschen nicht so vertraut sind, präsentieren häufig lieber ihr Hinterteil zum Streicheln als das vordere. Sie hätte nun doch gern mehr Kontakt und dreht den Kopf nach hinten, um zu mehr Streicheleinheiten zu kommen. Dabei bemerkt sie das freundliche Anstarren der Person. Das ist zu viel für sie, aber statt den Kopf wegzudrehen und den Kontakt zu verlieren, schließt sie die Augen, um den intensiven Blick zu vermeiden.

Starrst du mich tatsächlich an?

Die beiden Hunde sind Rivalen und haben beide genug Selbstvertrauen, sich zu stellen. Keiner möchte wirklich kämpfen, aber auch nicht aufgeben, so entsteht eine Pattsituation. Der Blickkontakt ist nun wichtig. Jeder versucht den anderen niederzustarren. Derjenige, der den Blickkontakt unterbricht, ist der Verlierer. Beim nächsten Treffen wissen beide genau, wer das war.

Freundliche Hände

Hunde verwenden oft ihr Maul, um Dinge zu halten oder zu berühren. Wir tun das mit unseren Händen. Unsere Hunde müssen erst lernen, daran Gefallen zu finden berührt zu werden. Die meisten Hunde lernen, Streicheleinheiten von unseren Händen zu genießen und mögen es. Das trifft auf Hunde zu, die mit freundlichen, sanften Menschen aufgewachsen sind und in ihrer Welpenzeit niemals geschlagen wurden. Sie haben gelernt, den Menschen zu vertrauen, nehmen alle Pflegeprozeduren gelassen hin und haben auch keine Angst, sich von fremden Menschen anfassen zu lassen.

Ich mag dich

Diese freundliche Border Collie-Hündin ist mit der Berührung einverstanden. Von ihrer Warte aus ist es eine gute Stelle fürs Streicheln, da die Hand kein Sinnesorgan bedeckt und weit unten ist, also keine Gefahr in Form von Schlägen darstellt. Sie ist mit Menschen gut sozialisiert und hält den Blickkontakt gern. Sie liebt Körperkontakt und möchte näher kommen.

Streichel mich hier!

Dieser Hund fühlt sich in der Gegenwart von Menschen nicht sicher. Er ist in einem Rennzwinger mit wenig Menschenkontakt aufgewachsen. Er toleriert das vorsichtige Streicheln, vor allem, weil der Mann sich auf die Seite gedreht hat und ihn nicht ansieht. Er fühlt sich unwohl, wie man deutlich an den angelegten Ohren und dem gespannten Körper sieht. Er vermeidet den direkten Blickkontakt und hechelt gestresst aufgrund seiner Erfahrungen.

Komm her!

Der Welpe berührt die schwarze Hündin mit der Pfote. Diese weicht überrascht aus, da sie diese Art von Spiel nicht kennt. Der Welpe hat vielleicht versucht, beide Pfoten auf den Rücken zu legen, um sich aufzustützen – eine normale Geste im Spiel, allerdings eine, die vom anderen Hund als unhöflich und herausfordernd empfunden wird. Hunde benutzen ihre Pfoten nur im Kampf, bei der Paarung oder im Spiel. Es muss ihnen seltsam vorkommen, dass wir Menschen unsere Hände so viel gebrauchen.

WUSSTEN SIE?

- Hände werden von Hunden weit häufiger gebissen als alle anderen Körperteile.
- Kinder verwenden ihre Hände, um ihre Umwelt zu erforschen, Welpen tun dasselbe mit ihrer Schnauze.

Ein bisschen langsamer, bitte!

Diese Collie-Hündin möchte am Brustkorb gestreichelt werden und hat dafür ihre Vorderpfote angehoben. Der Mann streichelt aber weiterhin ihr Hinterbein, was für sie zu nah am Bauch und anderen sensiblen Zonen ist. Da sie sich so nicht entspannen kann, dreht sie ihren Kopf zu ihm, um zu sehen, ob seine Absichten ungefährlich oder doch gefährlich sind. Da sie Menschen vertraut, bleibt sie ruhig liegen, während sie die Situation beobachtet und darauf wartet, dass er bessere Manieren zeigt.

Nicht berühren!

Hunde haben oft keine Kontrolle über das, was mit ihnen geschieht. Versuchen Sie sich vorzustellen, wie es wäre, wenn ein völlig Fremder sich Ihnen nähert und nach einem kurzen, fremdsprachigen Wortwechsel mit Ihrer Begleitperson beginnt, Sie zu berühren. Hunde müssen lernen, damit klarzukommen. Manche genießen es sogar. Den anderen können wir es leichter machen, indem wir lernen, wo die sensiblen Zonen sind. So können wir vermeiden, fremde Hunde dort zu berühren und andererseits unsere eigenen Hunde für Berührungen dieser Zonen desensibilisieren.

Das ist in Ordnung

Rücken und Brustkorb sind sichere Zonen. Hunde gewöhnen sich sehr schnell daran, dort gestreichelt zu werden. Diese Hündin ist mit der Berührung vertraut und richtet völlig entspannt ihr Interesse auf etwas anderes. Sie hat eine freundliche Besitzerin, ist es aber nicht gewohnt, von Fremden gestreichelt zu werden. Sie toleriert die Art der Berührung, scheint sich dadurch sogar gestärkt zu fühlen.

Das mag ich nicht

Während sie sich hinsetzt, wird sie unter der Brust in der Bauchregion berührt. Das ist keine normale Annäherung und so ist sie beunruhigt. Ihr Ausdruck verändert sich, sie verkrampft sich und legt die Ohren zurück. Da sie helle Abzeichen über den Augen und an den Ohren hat, kann man ihren Ausdruck gut erkennen. Sie wird an einer sensiblen Zone berührt. Obwohl dies sehr sanft erfolgt, mag sie es nicht und würde dort lieber nicht gestreichelt werden.

Und das auch nicht

Eine weitere sensible Zone, an der Berührungen unerwünscht sind, befindet sich zwischen den Hinterbeinen. Sie versucht sich hinzusetzen, die Frau muss sie am Halsband halten, um sie daran zu hindern. Die Hündin ist angespannt und hat ihr Gewicht auf die Hinterbeine verlagert. Das ist eine Stelle, an der Hunde einander nicht berühren. Die Hündin macht deutlich, dass dies auch für Menschen gilt.

Das ist schon besser

Dieser Hund ist Berührungen gewohnt, aber eine Umarmung von einem völlig Fremden ist ein bisschen viel. Da die Frau es sehr langsam macht und sich nicht über sie lehnt, toleriert sie es, aber ihr Schwanz ist unten und die Ohren sind leicht angelegt. Es wird beruhigend mit ihr gesprochen, aber ihr wäre trotzdem lieber, die Frau würde andere Körperteile wie ihren Rücken oder Brustkorb streicheln.

Bedrohliche Hände

Manche Hunde haben als Welpen nicht genügend positive Erfahrungen mit Händen gemacht oder – noch schlimmer – gelernt, dass Hände für Schläge oder andere unangenehme Manipulationen genutzt werden. Deswegen sind Hundebisse sehr häufig gegen Hände gerichtet. Vorsichtige, langsame Bewegungen können helfen, Hunden beizubringen, dass Hände gut sind, Leckerchen füttern und sogar Gefahren abhalten können.

Ich kann nichts sehen

Wir streicheln für gewöhnlich den Kopf, da er am einfachsten zu erreichen ist. Dabei bedecken wir häufig die Sinnesorgane, mit denen unsere Hunde ihre Umgebung beobachten. Das reicht von den Augen über die empfindlichen Barthaare bis hin zu den Ohren. Dadurch blockieren wir für kurze Zeit ihre Wahrnehmung der Welt, was vor allem für nervöse Hunde sehr verwirrend sein kann. Auf den Kopf zu klopfen ist noch schlimmer, da durch die Vibration die Sicht beeinträchtigt wird.

Ich kann nichts hören

Die Ohren zu streicheln und mit ihnen zu spielen, kann kurzfristig das Gehör beeinträchtigen. Dieser Hund vertraut Menschen, es stört ihn wenig. Aber Hunde, die in einer Situation ohnehin schon verwirrt sind, kämen damit nicht so gut klar. Man sollte nur jene Hunde am Kopf streicheln, die man wirklich gut kennt. Bei unbekannten Hunden streichelt man am besten nur den Brustkorb und hält sich von allen Sinnesorganen fern.

Wirst du mich angreifen?

So sollte man Hunde, die man nicht kennt, nicht begrüßen, aber viele Menschen machen es so. Dieser Hund hat liebevolle Besitzer, aber aufgrund früherer Erfahrungen ist er Fremden gegenüber scheu. Die Begrüßung verunsichert ihn und er versucht auszuweichen. Seine Ohren sind angelegt, die Augen aufgerissen, der Schwanz ist eingeklemmt und er sieht aus, als würde er gerade überlegen, ob er davonlaufen soll.

Du machst mir Angst

Für einen Hund kann eine Hand, die sich seinem Kopf nähert, angsteinflößend wirken. Diese Person hat sich zudem noch nach vorn gelehnt, hält Blickkontakt und spricht mit dem Hund. Er ist sich über die Motive nicht im Klaren, und hat seinen Kopf weggedreht, um die Situation zu entschärfen und einen Konflikt zu vermeiden.

WUSSTEN SIE?

- Welpen müssen lernen, dass menschliche Hände streicheln und Leckerlies geben, und nicht, dass sie strafen. Würden alle Hunde dies von klein an lernen, würden weniger Menschen von sich verteidigenden Hunden gebissen werden.

Kitzlige Stellen

Die meisten Hunde genießen es, an bestimmen Stellen gekrault zu werden. Das können Körperstellen sein, die sie selbst nur schwer erreichen, vor allem, wenn sie schon alt und unbeweglich sind, oder sie haben einfach Lieblingsstellen, an denen sie es besonders genießen. Regelmäßiges Streicheln, Pflegen und Kratzen dieser Stellen hilft, Vertrauen herzustellen und die Bindung zwischen Hund und Besitzer zu intensivieren.

Das tut gut

Die Brust und der Bereich unter dem Halsband zählen oft zu den Favoriten der Kratzstellen. Sie sind für den Hund schwer zu erreichen, da das Halsband im Weg ist und die Haut oft von den Bewegungen des Halsbands und seinen Anhängern gereizt wird. An diesen Stellen gekratzt zu werden, kann Ihren Hund richtiggehend in Ekstase versetzen, wobei er mit den Hinterpfoten mitkratzt, um Ihnen die richtige Stelle zu zeigen.

Ein bisschen weiter oben bitte

Hinter den Ohren ist eine beliebte Stelle, da sie, außer für junge, agile Hunde, nur schwer zu erreichen ist. Dieser Hund hat seinen Kopf zur Seite gelegt, möglicherweise möchte er etwas weiter oben gekratzt werden. Viele Hunde schließen dabei vor Genuss die Augen und scheinen die Welt rund um sich herum zu vergessen.

Jetzt da unten bitte

Dieser Hund hat seine Vorderpfote angehoben, um seinen Besitzer aufzufordern, ihn doch am Brustkorb zu kratzen – eine sehr beliebte Stelle bei Hunden. Er ist aber nicht so entspannt, wie er es bei dieser Art zu streicheln sein könnte. Er beobachtet seinen Besitzer mit leicht erhobenem Kopf. Die Ursache könnte sein, dass der Besitzer in diesem Moment auch nicht entspannt ist und der Hund nur darauf wartet, aufspringen und spielen zu dürfen.

WUSSTEN SIE?

- Es konnte nachgewiesen werden, dass das Streicheln von Hunden den Blutdruck des streichelnden Menschen senkt. Es ist also für den Hund ein Genuss und gesund für den Menschen!

Das ist toll

Sanfte Massagen werden dem herkömmlichen Streicheln, Rubbeln und Kratzen oft vorgezogen. Dieser Hund genießt die Aufmerksamkeit seines Besitzers. Er hat seinen Kopf mit einem entspannten Gesichtsausdruck auf eine Seite gelegt. Das Maul ist auf einer Seite nach hinten gezogen, was seinem Gesicht einen komischen Ausdruck verleiht. Den Hund auf diese Weise zu massieren, ist nicht nur für ihn gut, sondern auch für Sie, da Sie selbst entspannt sein müssen, um ihm das zu vermitteln.

Handzeichen

Ein Weg, Menschenhände für Hunde interessant zu machen, ist, darin Leckerchen und Spielzeug bereitzuhalten. Dadurch empfinden Hunde sie zum einen als positiv, zum anderen hilft es uns mit der Hand gegebene Zeichen zur Kommunikationshilfe zu entwickeln. Da Hunde Körpersprache sehr leicht lernen, ist es einfach, ihnen Handzeichen für das Hinsetzen, Bleiben oder Herankommen beizubringen. Kombiniert man später diese Sichtzeichen mit Hörzeichen und lässt dann Schritt für Schritt die Sichtzeichen weg, reagiert der Hund allein auf die gesprochenen Worte.

Wo ist das Leckerchen?

Diese Hündin ist taub. Die einzige Möglichkeit, mit ihr zu kommunizieren, sind Sichtzeichen. Ihr beizubringen, der Hand, die ein Leckerchen hält, zu folgen, ist der erste Schritt. Das Leckerchen wird zwischen den Fingern gehalten, sodass die Hand flach gemacht werden kann. Wenn sie versucht, es zu nehmen, wird die Hand langsam weggezogen. So lernt sie, einer ausgestreckten, flachen Hand zu folgen. Das ist sehr nützlich, um sie in verschiedene Positionen zu bringen.

Ich bin so brav

Nun kann ihr „Sitz“ ganz einfach beigebracht werden, indem man das Leckerchen über ihren Kopf hält. Sie muss den Kopf zurücklegen, um es zu sehen. Das wird aber mit der Zeit ziemlich unbequem, also setzt sie sich hin. Sofort bekommt sie das Leckerchen und nach einigen Wiederholungen begreift sie, dass es ein Leckerchen gibt, wenn jemand die Hand über ihren Kopf hält und sie sich hinsetzt. Allmählich können die Leckerchen weggelassen werden. Um das Erlernte wieder aufzufrischen, gibt es die Belohnung trotzdem ab und zu.

Ich komme

Manche Hunde arbeiten lieber für Spielzeug als für Leckerchen. Dieser Hund ist von den Bewegungen des Balls begeistert und tut alles, um ihn zu bekommen. Hunden, die Action lieben, ist alles, was mit Bewegung zu tun hat, leicht beizubringen. Stillzusitzen hingegen fällt solchen Hunden meist schwer.

WUSSTEN SIE?

- Hunde können mit zahlreichen Dingen belohnt werden. Allerdings können nicht alle während des Trainings verwendet werden. Jeder Hund bevorzugt eine andere Art der Belohnung. Eingesetzt werden können Futter, Spielzeug, Toben oder Lob.

Gib's mir!

Mit Quietschspielzeug zu spielen ist für diesen Hund das Größte. Er ist so auf das Spielzeug konzentriert, dass es möglich ist, ihn so exakt zu dirigieren, wie man es gern möchte. Dazu hält man das Spielzeug in der richtigen Position. Die Frau lässt ihn sitzen, bevor sie es wirft, damit er lernt, seine Begeisterung zu beherrschen. Durch Wiederholung der Übung soll sich das „Sitz“ festigen. Mit einem kleineren Spielzeug könnte die Besitzerin ihm leicht Handzeichen beibringen. Er ist ein cleverer Hund und lernt schnell.

Ich warte!

Dieser Hund hat gelernt, sich hinzusetzen, wenn er möchte, dass das Spielzeug geworfen wird. In vielen Lektionen hat er gelernt immer länger zu warten. So sitzt er geduldig da, im sicheren Wissen, dass ein lustiges Jagdspiel folgt.

Menschliche Gefühle?

Können Hunde menschliche Gefühle wie Eifersucht, Ärger, Zuneigung etc. empfinden? Da sie nicht in der Lage sind zu sprechen, können wir nur Vermutungen aufgrund ihrer Reaktionen und Körpersprache anstellen. Nimmt man sich genug Zeit, um Hunde zu beobachten, so scheint es, als ob sie in ähnlichen Situationen ähnlich wie wir reagieren. Wir werden es wahrscheinlich nie genau wissen und solange das so ist, sollten wir in Betracht ziehen, dass sie ähnliche Gefühle wie wir haben könnten.

Darf ich bei euch sein?

Manchmal wird Hunden Eifersucht nachgesagt, wenn sie intime Momente stören. Vielleicht wollen sie aber nur die Gelegenheit nutzen, um zu einigen Streicheleinheiten zu kommen. Diese Basset-Hündin liebt die Zuwendung ihrer Besitzer und nutzt den Moment, indem sie zusammensitzen, um auch einige Streicheleinheiten zu erhaschen. Wenn sie auf beide draufklettert, kann sie schwer ignoriert werden!

Bleib weg von ihr!

Dieser Hund hat in der Vergangenheit schlechte Erfahrungen mit Männern gemacht und ist nun sehr beunruhigt, weil seine Besitzerin so nah bei jemandem ist, der gefährlich sein könnte. Indem er sich zwischen die beiden drängt und sich so hinstellt, dass er sie sehen kann, möchte er ihr aus den Schwierigkeiten helfen. Alternativ könnte er so auch nur versuchen, Aufmerksamkeit zu bekommen.

WUSSTEN SIE?

▸ Auch wenn es manchmal scheint, als hätten unsere Hunde übernatürliche Fähigkeiten, so ist ihre Fähigkeit, Dinge mitbekommen, die wir nicht wahrnehmen, ihren großartigen Sinnesorganen zu verdanken. Sie ermöglichen es ihnen, die Welt auf andere Weise zu sehen, als wir es tun.

Komm bald nach Hause

Manche Hunde scheinen zu wissen, wann ihre Besitzer heimkehren und erwarten sie dann bei der Eingangstür oder am Fenster. Experimente haben bewiesen, dass es sich eher um zufällig zusammentreffende Ereignisse handelt und die Hunde noch keine typischen Geräusche (Auto, Schritte) wahrnehmen konnten. Können sie die Gedanken ihrer Besitzer wahrnehmen? Es scheint viel mehr in der Welt unserer Hunde zu geben, als wir uns vorzustellen vermögen.

Ich genieße es!

Hunde lieben die Zuwendung ihrer Besitzer, was sie für uns so besonders macht. Liebe und Loyalität stehen ganz oben auf der Liste der an Hunden geschätzten Eigenschaften. Das muss aber auch auf Gegenseitigkeit beruhen. Obwohl er sich in einer verletzbaren Position befindet, ist dieser Hund vollkommen entspannt, da er seinem Besitzer absolut vertraut. Besitzer, die ihre Hunde verstehen, haben es viel leichter, eine vertrauens- und liebevolle Beziehung aufzubauen.

Register

Zum Weiterlesen

Abrantes, Roger: Hundeverhalten von A–Z. Mimik und Körpersprache, Verhalten und Verständigung, Lautäußerungen und Kommunikation. Kosmos, Stuttgart 2005.

Bloch, Günther: Der Wolf im Hundepelz. Hundeerziehung aus unterschiedlichen Perspektiven. Kosmos, Stuttgart 2004.

Coren, Stanley: Die Geheimnisse der Hundesprache. So lernen Sie Ihren Hund verstehen und mit ihm zu kommunizieren. Kosmos, Stuttgart 2002.

Feddersen-Petersen, Dr. Dorit: Hundepsychologie. Sozialverhalten und Wesen, Emotionen und Individualität. Kosmos, Stuttgart 2004.

Führmann, Petra und Iris Franzke: Erziehungsprobleme beim Hund. Kosmos, Stuttgart 2004.

Harries, Brigitte: Hundesprache verstehen. Kosmos, Stuttgart 1998.

Hoefs, Nicole und Petra Führmann: Das Kosmos-Erziehungsprogramm für Hunde. Kosmos, Stuttgart 1999.

Nijboer, Jan: Hunde verstehen mit Jan Nijboer. Kosmos, Stuttgart 2004.

Rugaas, Turid: Calming Signals – Beschwichtigungssignale der Hunde. animal-learn Verlag, 2001

Schöning, Barbara, Nadja Steffen Kerstin Röhrs: Hundesprache. Kosmos, Stuttgart 2004.

Schöning, Dr. Barbara: Hundeverhalten. Kosmos, Stuttgart 2001.

Winkler, Sabine: Hundeerziehung – Sanfte Erziehung von Anfang an. Kosmos, Stuttgart 2000.

Danksagung

Ich möchte mich bei all jenen Menschen bedanken, die mir so viel über tierisches Verhalten, speziell über Körpersprache beigebracht haben: John Rogerson, Ian Dunbar, Roger Abrantes, Micheal Fox und Turid Rugaas. Des weiteren bei Ryan Neile, einem Verhaltensforscher mit vielversprechender Zukunft, für das Korrekturlesen, die nützlichen Kommentare und seinen Enthusiasmus für das Projekt.

Ich bedanke mich bei Julie Stone und Ryan Neile für das sorgfältige Auswählen der Hunde für die Fotos und bei Steve Gorton für die schönen Bilder, die sogar gelungen sind, wenn nur eine einzige Chance für eine Aufnahme bestand. Ich bin den Besitzern dankbar, die uns ihre Hunde zur Verfügung stellten. Ein Danke an „the Blue Cross“, die uns erlaubten, Fotos von einigen Hunden im Heim zu machen.

Zum Abschluss möchte ich Beau erwähnen, der mit 14 Jahren älteste meines 3-er Rudels. Danke für alles, was Du mir beigebracht hast, für das geduldige Schlafen, während ich dieses Buch schrieb, und dafür, dass Du Dein langes Leben mit mir teilst.

Gwen Bailey

Bildnachweis
Blue Cross/Rosie Hyde 19 o. r., 69 o. r., 72 u. r.
Corbis UK Ltd/David A. Northcott 34 o./Marcello Calandrini 24 l./ Tom Brakefield 8
Davis Key 22 o. r., 28 o. r.
Gwen Bailey 35 o. l., 50 u. l., 53 o. r., 64
Warren Photographic/Jane Burton 65 o., 65 u.
Alle anderen Fotos von **Octopus Publishing Group Limited**/ Steve Gordon.